사춘기 마음을
통역해 드립니다

"몰라요" →
"싫어요" →
"귀찮아" →
"짜증나" →

사춘기 마음을 통역해 드립니다

대한민국 최고 '사춘기 전문가'가 들려주는
요즘 아이들의 진짜 속마음

김현수 지음

미르책방

프롤로그

진료실에서 청소년들에게 가장 자주 듣는 말 중 하나는 '외롭다'는 이야기입니다. 자신의 편이 없다는 이야기, 친구 사귀기 힘들다는 이야기입니다. 코로나 시기 이전부터 있던 이 이야기는 코로나 시기에 절정을 이루었고 최근까지도 이어지고 있습니다.

그중 한 아이가 들려준 이야기가 재미있습니다. 형제도 적고, 있어도 정말 도움이 안 되고, 살면서 너무 외로워서 부모님에게 "나 외로워 미치겠어"라고 말했더니, 엄마가 거실을 치우면서 한심하다는 투로 "너 한가하구나, 학원 하나 더 다닐래?"라고 말했다는 겁니다.

"지금 내가 외롭다는데, 학원 이야기가 왜 나오냐?"고 대꾸했더니, "한심하다, 지금 시간이 얼마나 귀하고 할 일이 많은 때인데 외롭다는 타령이냐. 그리고 엄마 봐라. 엄마가 지금 너랑 대화하면서도 뭐 하는 줄 알아? 청소하잖아. 엄마는 어떻게든 시간을 허투로 쓰지 않기 위해 얼마나 노력하는 줄 알아?"

아이는 어이가 없다는 표정을 지으며, 우리 엄마는 외롭다는 것 자체를 인정하지 않고, 외로움을 모르는 것 같다고 말했습니다. 이것이 첫 번째 충격이었다고 합니다.

그러더니 주말 아침, "너 외롭다고 한 말 내가 새겨들었다. 주말이라도 너 외롭지 않게 엄마 아빠가 놀아 줄 테니까, 뭐 하고 싶은지 말해 봐"라고 해서 두 번째 충격을 세게 받았다고 합니다.

"아니, 지금 내가 외로운데, 엄마 아빠가 같이 놀아 줘서 내 외로움이 달래질 것으로 생각해?"라고 엄마에게 말했는데, 엄마는 "맛있는 것 먹고, 옷도 사 주고, 좋은 데 가족끼리 같이 다니면 외로움은 사라지는 거 아니야?"라고 말했다고 합니다.

자신의 외로움을 달래 줄 수 있는 것은 갱년기를 코앞에 둔 엄마가 아니라 친구들이라고 말해 줄까 말까 하다가 귀찮아서 됐다고 했지만, 답답한 마음은 더 커졌다고 합니다.

반면 부모님들은 이런 자녀들이 잘 이해가 되지를 않습니다. 아이와의 상담이 끝나면 부모님과 이런저런 이야기를 나누면서 "요즘 아이들이 다 그렇다"고 최대한 안심시켜 주면서 서로 이해할 수 있는 면들을 넓혀 주려고 합니다.

부모님은 아이들의 외로움을 잘 이해하지 못하고, 아이들은 부모님의 시간 없음을 잘 이해하지 못하는 사이에서 갈등과 불신이 커지는데, 중간에서 이것을 잘 통역해 드리려고 합니다.

안녕하세요.
사춘기 자녀와 부모님 사이에서 청소년기를 통역하는 통역사, 정신과 전문의 김현수입니다.

부모님들은 사춘기 아이들과 대화가 어렵다고 하고, 청소년들은 갱년기 혹은 갱년기 주변에 있는 부모님과 대화가 안 된다고 하는데, 이들 사이에서 마음의 다리, 대화의 다리, 평화의 다리를 놓아 주는 일을 많이 하고 있습니다.

원래도 어려웠지만, 전 세계가 코로나를 겪으면서 더욱더 부모와 자녀 관계가 어려워졌고, 사실 부모 자녀 관계뿐만 아니라 친구들 관계도 어려워진 시대에 우리는 살고 있습니다.

최근 청소년 상담에 대한 요청이 크게 늘어 외래 횟수를 늘렸는데도 상담과 진료가 엄청 밀려 있습니다. 도대체 어떤 주제의 상담 요청이 가장 늘었을까요?

최근 진료실에서 만난 사춘기 청소년들의 가장 많은 상담 주제는 관계, 외로움에 관한 것입니다. 부모님과의 관계, 친구와의 관계, 학교 선생님과의 관계 등등 코로나가 만남을 현격히 줄인 결과 일어난 일이 아닐까 생각합니다.

저는 요즘 사춘기 아이들의 방황 또는 반항(부모님 입장에서 보면)의 원인을 외로움이란 측면에서 봅니다. 요즘 아이들은 일상적으로 집에서 대화할 형제자매가 없고, 부모와의 대화는 어렵고, 함께할 가족이나 친구, 친척이 현저히 줄어든 상태에 처해 있습니다. 스마트폰이 최고의 친구가 될 수밖에 없는 이유가 있는 것이지요. 코로나는 그 외로움을 몇 배 더 가혹한 고통으로 만들었고, 그 비명이 지금 학교 현장이나 지역 사회에서 다양하게 분출되고 있습니다. 학교 폭력, 은둔형 외톨이, 포기와 무기력, 우울, 자해 및 자살…… 등등.

저는 그중에서도 사춘기 아이들의 외로움을 가장 중요한 고통이라고 보고 있습니다. 사춘기 우울, 반항, 일탈의 뿌리는 이 외로움을 해결해 주지 못하는 것으로부터 출발한다고 봅니다. 그래서 이 책에서는 사춘기 아이들의 외로움을 조금 더 깊이 다루고자 합니다.

요즘 아이들은 우리 어른들이 생각하는 것 이상으로 외롭습니다. 정말 정말 외롭습니다. 그들의 외로움을 어른인 우리가 이해해 주고, 잘 돌봐 줘야 할 의무가 있습니다. 그 마음으로 이 책을 쓰게 되었습니다.

이 책은 제가 여러 강연에서 했던 이야기들을 정리한 것입니다. 이전에 출간되었던 『중2병의 비밀』을 기본으로 하고 일부 내용을 보충하고 확대하였습니다. 사춘기 자녀와 잘 지내는데 필요한 이해와 공감, 그리고 사춘기 아이들을 도울 수 있는 여러 실질적 방안들을 다루고자 노력했습니다. 이해와 공감을 바탕으로 청소년들이 자신들의 마음과 경험을 안심할 수 있도록 도움을 주는 부모 혹은 교사, 어른들이 늘어나는 데 이 책이 도움이 되기를 바라는 마음입니다. 그래서 사춘기 자녀와 부모 사이에 마음의 다리가 잘 놓여지기를, 깨어진 관계가 다시 잘 회복되기를, 서로가 몰랐던 마음의 세계가 잘 이해되고 공감되기를 바랍니다.

2023. 8. 김현수 올림

차례

프롤로그 4

이야기를 시작하며
자녀가 사춘기가 된다는 것은 이별을 시작한다는 것입니다 14

1부 작은 가족이 주는 외로움
새로운 유형의 인간 출현 18
저출생 시대, 외둥이는 왕부담 23
"카톡을 끊으려면 언니나 동생이 필요해" 28
어른 열에 애는 하나! '황태자 증후군' 31
"했냐, 안 했냐?"는 최악의 대화법 33
"엄마는 생물학적 모친일 뿐이야" 38
사춘기 자녀 이해를 도와주는 실전 심리학① 44
이런 부모가 되어 주세요 Tip 46

2부 집에서는 '왕자' 학교에서는 '엑스트라'

"자신감은 안 파나요?" 48
학교에서 명찰이 필요한 이유 52
나는 잘하는 아이가 아닐지도 모른다는 두려움 56
사춘기 자녀 이해를 도와주는 실전 심리학② 59
동네를 지킬 아이들, 나라를 지킬 아이들 60
"스케이트 타자마자 연아 될 줄 알았다" 63
허세·선빵이 최고의 맞불 66
노력과 능력의 갈림길에서 68
"천재가 아니라는 것을 알았을 때 나는 죽기로 했다" 73
노력이라는 미덕은 신뢰의 토양에서 자란다 80
사춘기 자녀 이해를 도와주는 실전 심리학③ 85
스트레스에 대처하는 남학생과 여학생의 차이 87
사춘기 자녀 이해를 도와주는 실전 심리학④ 91
이런 부모가 되어 주세요 Tip 92

3부 내 몸도, 내 마음도 낯설어요

중학생에게 선물 받은 '명품 야동 50선' 94
아이들은 이미 성생활을 하고 있다 97
몸의 변화가 가져온 거실 혁명 101
직접 경험은 줄고, 스크린 타임은 늘었다 105

사춘기 자녀 이해를 도와주는 실전 심리학⑤ 108
"30명 교실이 3명 사는 우리 집보다 좁아요!" 109
새 슈트에 적응 중인 '사춘기 아이언맨들' 112
내 몸에 대한 호감, 자신감의 근원 115
금지하면 더 하고 싶고, 이해하면 조절한다 118
성교육은 어떻게 하면 좋을까? 121
마음을 몸으로 표시하기_자해, 타투, 피어싱의 심리 123
이런 부모가 되어 주세요 Tip 126

4부 개똥 철학자의 탄생

'법대로' 아빠와 '정확하게' 엄마 사이 '내 맘대로' 아들 128
사랑스럽던 그 아이는 어디로 간 걸까? 132
부모의 위선을 파헤치는 비평가가 되다 136
부모는 아이의 감정 쓰레기통이 돼 줘야 140
좋은 금지와 나쁜 금지 144
아버지와 아들 중 누가 미쳤을까? 149
"난 지금 '최선'을 다하고 있다고요!" 155
"핸드폰 바꿔 줄게"가 최고의 동기 부여인 시대 158
사춘기 자녀 이해를 도와주는 실전 심리학⑥ 163
이런 부모가 되어 주세요 Tip 164

5부 마음을 나눌 대상이 없을 때의 외로움

"엄마가 책임져, 난 몰라!" 166
사춘기 자녀 이해를 도와주는 실전 심리학⑦ 170
다시 아이의 마음을 훔치려는 부모 172
새로운 우상의 탄생 176
거부하기 힘든 인증 샷의 유혹들 179
우정이 없다면 사춘기는 견디기 힘들다 181
친구 없는 아이, 따돌림당하는 아이, 나쁜 친구를 사귀는 아이 184
사춘기 자녀 이해를 도와주는 실전 심리학⑧ 187
우정을 대신하는 게임과 팬덤 문화 189
친구는 제2의 가족 193
사춘기 뇌는 공사 중 198
뇌 발달의 남녀 차이 204
이런 부모가 되어 주세요 Tip 208

6부 아무것도 하고 싶지 않은 아이들

아이들이 무기력한 이유 210
사춘기 자녀 이해를 도와주는 실전 심리학⑨ 219
피로한 세 살, 이미 시작된 평가 221
사춘기 자녀 이해를 도와주는 실전 심리학⑩ 228
헛똑똑 부모 증후군 230
알파 세대의 등장 241

아이들이 부모님에게 하고 싶었던 한마디! 252
사춘기 자녀 이해를 도와주는 실전 심리학⑪ 258
부모님들의 속마음 261
아이들과 잘 지내기 위한 '힘그팬' 대화법 267
사춘기 자녀 이해를 도와주는 실전 심리학⑫ 271

이야기를 닫으며
자녀가 사춘기가 된다는 건 새로운 만남을 시작하는 것입니다 272

부록 유능하고 효과적인 사춘기 부모의 대화법
감독이 아니라 응원단이 되어 주세요 276
혼내기보다 협상에 능한 부모가 되어 주세요 278
CEO 대화법이란? 282
청소년들이 듣고 싶어 하는 말 286
청소년과의 관계를 어렵게 하는 대화법 288

이야기를 시작하며

자녀가 사춘기가
된다는 것은
이별을 시작한다는
것입니다

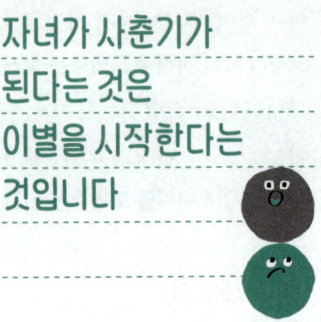

사춘기가 된다는 것은 이별을 시작한다는 것입니다.

아이들에겐 아동기의 공상과 아기처럼 응석 부리던 부모와의 관계와 이별해야 하고,

이제 누구도 천진난만하다는 이유로 자기를 예뻐하지 않는다는 것을 받아들여야 하는 시기입니다.

부모 편에서도 이별을 해야 합니다.
아이들보다 부모 편에서의 이별이 더 어려울 수도 있습니다.
아이들과 심리적으로 힘든 이별을 하면서
"자식이 아니네", "괜히 키웠네" 하는 부모들이 많습니다.
아이들에게 "중2병이야!", "사춘기가 문제야!"라고 낙인찍는 것은 아이들에게만 짐을 지우는 것이 아닐까요?

아이들은 우리가 사춘기이던 시절보다 더 힘든 사춘기를 보내고 있습니다.

우리가, 사회가 그렇게 만들고 있습니다.

그 어느 때보다 이 아이들은 외롭습니다.

'중2병'이라고 회자되는 말 뒤에는 아이들의 외로움이 있습니다. 그들의 난데없고 알 수 없는 허세 뒤에는 외로움이 가져온 공포가 있습니다.

가장 갖고 싶어 하는 선물이 핸드폰과 애완동물이라는 사춘기들의 소망 목록만 보아도 그들이 얼마나 외로운지 알 수 있습니다.

외둥이, 두둥이로서의 가족적 외로움
여행도 모험도 불가능한 추억 없음의 내적 외로움
친구 아니면 적이라는 학교 교실 속에서의 외로움
도움이 필요할 때 찾을 어른이 없는 외로움

그들이 부모를 떠나서 걸어가야 하는 내적, 외적 여정에 함께할 동반자라고는 인터넷, 스마트폰, 그리고 문제집밖에 없는 길 위에서 아이들은 외로움의 절규를 몸으로, 마음으로 뿜어대고 있습니다.

그러다가 도움을 받지 못하는 아이들은 무기력해지기도 하고, 난폭해지기도 하고, 또 포기하기도 하고, 드물게는 생명줄을 놓기도 합니다.

경제적인 자수성가를 겪었던 부모 세대들이 현재의 청소년들에게는 정서적인 자수성가를 이루라는 혹독한 시련을 주문하고 있는 셈입니다.

사춘기에 들어선 아이들의 여러 도전적 행동들
그것은 외로움을 다룰 수 있도록 아이들의 힘을 길러 주고
아이들에게 격려와 힘이 되어 주는 사회를 만들고
또 함께하는 어른들이 늘어나고 성숙해져야 할 필요성을 전하는 사회적 메시지일 뿐입니다.

1부 ⟶ **작은 가족이 주는 외로움**

새로운 유형의
인간 출현

코로나 이후 부쩍 '사춘기 자녀와의 대화'를 주제로 한 강연 요청이 많아졌습니다. 강연에 앞서 먼저 참석자들에게 어떤 고민이 있고, 무슨 생각으로 강연회에 오게 됐는지 물어보곤 합니다. 그중 몇몇 분들의 이야기를 옮겨 보겠습니다.

"중학교 남학생을 키우는 엄마입니다. 제가 얼마 전에 웃기고도 슬픈 이야기를 들었어요. 어떤 모임에서 참석자가 가족을 소개하는데 '저희는 두 명의 인간과 파충류 하나가 같이 살고 있어요'라고 했대요. 어디서 교육을 받았는데 '중학생은 아직 전두엽이 제대로 작동되지 않는다. 그냥 전두엽이 발달되지 않은 파충류 하나랑 같이 산다 생각하고 다 발달될 때까지 건드리지 말고 기다려라' 그랬대요."

"저는 여중생 엄마입니다. 다들 남자아이들이 더 힘들다고 하지만 여자아이도 힘들어요. 까칠하기가 하늘 끝이에요. 진짜 내 딸만 아니면 매일 쥐어박고 싶어요. 핸드폰으로 새벽녘까지 카톡질하는데 정말 미치겠어요."

"저도 중학교 남학생 자녀를 둔 아버지입니다. 아, 이 자식이 나를 안 닮았어요. 저는 사회성이 좋고 화끈하고 친구가 많은데, 우리 아이는 잘 나가지도 않고 친구도 없고 답답하기 이를 데가 없어요. 운동 나가자고 하면 귀찮다고만 하네요. 정말 팔팔 끓어야 할 나이인데 패기라고는 없어요."

"저는 중2 엄마예요. 중2가 되면서 일어난 큰 변화는 아이가 공부를 완전히 포기한 것 같다는 거예요. 어느 날 성적이 뚝 떨어지더니 아이가 맥이 풀린 듯이 공부를 손에서 놓더라고요. 야단도 치면서 도와주려고 하는데 아이는 화내고 대들고, 정말 이제 끝인가 싶어요."

"뭐, 저희 아이는 대단한 문제는 없어요. 하면 될 것 같은데 안 하고 틈만 나면 컴퓨터다, 게임이다 해서 걱정인 거죠. 갈수록 게임하는 시간이 늘고 집착이 강해지는 것 같아요."

"사실 저는 이 자리에 아내가 오자고 해서 억지로 왔습니다. 저는 한마디로 정신력의 부재가 큰 문제이고 우리 사회가 뭔가 대단히 잘못되어 가고 있다고 생각합니다. 아이들이 도대체 왜 이렇게 나약해졌는지 큰일입니다. 요즘 같은 세상에 힘들 게 뭐가 있습니까? 힘들면 부모가 힘들지, 자기들이 힘들 게 뭐가 있느냐고요? 저는 강력한 조치가 필요하다고 생각합니다. 체벌도 부활되어야 하고 강력한 규율 속에서 아이들이 버릇부터 다시 배워야 한다고 봅니다."

고민의 정도가 좀 심각한 부모님들도 있습니다.

"우리 애는 다른 애보다 좀 심각해요. 중학교 2학년 여름 방학 지나면서부터 애가 완전히 변했어요. 학교는 슬리퍼 신고 갔다 그냥 오고, 집에 오면 문은 잠그고, 엄마 전화는 아예 받지도 않고, 용돈은 줘도 줘도 모자라고, 아마 담배도 피우고 그러는 것 같아요. 근데 어디서부터 접근해야 할지를 모르겠어요. 자위하고 남은 휴지 뒤처리도 안 해요. 애랑 애 아빠랑 치고받고까지 한 다음에는 아예 말도 안 해요. 애가 들어오면 조마조마해요. 무슨 난리가 또 날까 싶어서요. 아빠가 '나가!' 그러면 그냥 나가요. 그러다 한밤중에 들어오고. 무슨 애가 중학생이 된 뒤로는 겁도 없어진 것 같아요."

"제 배 속에서 나온 아이인데 어떻게 이렇게까지 변했는지, 어떨 때는 내 자식이 맞는지조차 의심스러워요. 여자아이인데 벌써 화장을 시작했고, 핸드폰에 저장된 친구는 여자애들만큼 남자애들도 많고, 성적은 크게 떨어지지는 않았지만 팬클럽 한다고 난리고, 기분이 오락가락. 어느 장단에 맞춰야 할지 모르겠어요. 연예인이 꿈이라고 하면서, 방학 때면 성형이니 키 크는 약이니 시술하는 얘기를 입에 달고 지내요."

위의 이야기들 중 공감되는 내용이 있으신가요? 사춘기 자녀를 둔 부모님들의 걱정은 크고 작은 차이는 있지만 대동소이한 것 같습니다.

그런데 흔히 제가 하는 강의의 화두가 무엇인가 하면 '요즘 아이들이 더 힘든가? 부모가 성장하던 그 시절이 더 힘들었는가?'라는 아주 주관적이고 우문에 가까운 비교 질문입니다.

"여러분, 어떻습니까? 우리가 더 힘들었나요? 아니면 요즘 아이들이 더 힘든가요?"

이렇게 물으면 일부 아버지들(흔히 이런 아버지들은 모임에서 많은 어머님들의 눈총을 받으면서, 아이들 사정을 모르는 사람으로 취급받게 되지요)을 제외하고는 대부분 요즘 아이들이 더 힘들다고 합니다. 그 이유를 물으면 부모님들의 대답은 제각각입니다.

"경쟁이 더 힘들어져서요."

"우리가 맞벌이하느라 돌봐 주는 시간이 줄어들어서요."

"학교 분위기가 예전 같지 않아요. 왕따, 학교 폭력 그런 것 때문에 더 힘든 것 같아요."

"애들이 외로워서 힘든 거 같아요. 형제도 없고, 심심하고. 사춘기 애들이 부모랑 무슨 얘기를 많이 하고 싶겠어요?"

무언가 모를 거대한 사회적 소용돌이에 휩싸여 어른도 아이도 힘들게 살면서도, 부모들은 이 소용돌이에서 빠져나가기 두려워합니다. 이 집단 문화의 강박은 엄청난 힘으로 우리를 휘

감고 있습니다.

한편, 뜻밖에도 내 아이지만 아이를 이해하기 어렵고 내가 아이들에게 잘하지 못해서 아이들이 힘들다고 하는 부모님들은 거의 없습니다. 아이들이 힘든 것은 사회적이거나 외부의 탓이고, 내 탓으로 인하여 아이가 힘들다고는 생각하지 않으시는 거죠.

저는 여기에서 한마디 더 질문합니다.

"그래서 아이들이 우리 때보다 더 힘들어하는데, 더 잘해 주고 계신 것 맞지요?"

그러면 부모님들은 까르르 웃으면서, 더 잘해 주지는 못한다고 대답합니다.

여러분들은 어떠신가요?

저출생 시대, 외둥이는 왕부담

아이들이 풍요로운 환경에서 사랑을 듬뿍 받고 자라고 있다는 부모님들의 생각과 달리, 아이들은 사춘기가 되면서 외로워합니다. 첫 번째 이유는 바로 형제가 없거나 아주 적다는 것입니다.

"아이라고는 하나밖에 없는데, 그 아이가 힘들게 살면 어떡하죠?"

이것은 모든 부모들의 걱정입니다.

"자식이라고는 나 하나밖에 없는데, 부모를 기쁘게 해 주지 못하면 어떡하죠?"

이것은 모든 아이들의 걱정입니다.

자식이 하나 아니면 둘인 사회에서 부모와 자식에게 의지할 대상이 오직 서로밖에 없다면 이런 걱정은 정말 큰일이 되기도 합니다. 간혹 부모들은 자식에게 사랑이라는 미명하에 이런 말을 던집니다.

"엄마는 너밖에 없다."

"아빠의 기쁨은 오직 누구? 우리 ○○이 파이팅!!"

얼마 전 자해를 시도해서 다녀간 중학교 여학생의 낙서에는 이런 내용이 쓰여 있었습니다.

> 하루에도 여러 번 엄마 아빠에게 나밖에 없다는 이야기를 들을 때마다 괴로웠어요.
> 엄마 아빠에게 하나밖에 없는 딸은 엄마 아빠가 기대하는 딸이 될 수 없어요. 사실 성적표를 속였어요. 이번이 처음도 아니고 두 번째인데, 더는 안 될 것 같아요.
> 공부. 정말 짜증!
> 공부, 재미없고 별로예요. 공부로는 엄마 아빠를 기쁘게 해 줄 수 없는 게 확실해요. 하지만 내가 그걸 안 하면 엄마 아빠가 나보다 더 괴로워할 것 같아요. 아니 괴로워하는 거, 두 분이 저 때문에 싸우는 거, 이미 많이 봤어요.
> 엄마 아빠, 딸 ○○은 엄마 아빠가 아는 그런 딸이 아니에요…….
> 나밖에 없다고 하셨는데, 이제 내가 없으면 더 편하실 거 같기도 해요. 하나밖에 없는 딸이 원하는 딸이 아니니까.

다행스럽게도 아이는 큰 손상을 입진 않았습니다. 입원해 있는 동안 저는 아이와 적지 않은 이야기를 나눌 수 있었습니다. 아이가 한 얘기는 이런 것들이었습니다.

> 공부가 싫은데 억지로 할 때의 심정.
> 놀고 싶은 마음.
> 친구들과 비교될 때.
> 잘난 사촌들의 이야기를 들을 때.
> 엄마 아빠가 자기 때문에 싸울 때.
> 또 너무 외로워서 동생이 있었으면 하는 마음.
> 그냥 편하게 살고 싶다.
> 사춘기에 들어서면서 마음속에 있는 이야기를 다 하기는 어려워졌고, 조금 부모님과 거리를 두고 싶은데 엄마도 아빠도 오히려 더 파고들어 오는 것 같아서 거북한 느낌.
> 외롭지만 혼자 있고 싶은 마음.
> 본인만의 공간이 있었으면 하는 마음.
> 유학이라도 보내 달라고 하고 싶은데 자기가 없으면 못 살 것 같다는 부모 이야기.
> 가끔은 자기가 부모를 돌보는 건지, 엄마 아빠가 자기를 돌보는 건지 헷갈리는 기분 등등.

그 아이가 가장 듣기 부담스럽고, 괴로운 말은 어떤 말이었을까요? 그것은 바로 "사랑한다. 엄마 아빠는 너밖에 없어. 파이팅!" 이런 매일 아침의 인사라고 했습니다.

'왜 엄마 아빠 각자의 인생도 있는데, 나밖에 없느냐고! 그만해, 제발!!'

이 말을 마음속으로 수백 번 되뇌었고 언젠가는 소리치면서 난리를 피우고 싶었는데, 결국 그렇게 하지 못했다고 합니다. 더 결정적인 것은 "너밖에 없다"고 하는데, 자기가 공부도 못하고 또 싫어하고 거기다 성적을 속인 것까지 알게 되면 부모가 죽을 것 같이 보였다고 합니다. 그래서 차라리 '내가 죽는 게 낫다' 이런 마음에 자살을 시도했다고 합니다. 아이를 끔찍이도 사랑하는 부모님은 아이가 그렇게 부담스러워하고 있다는 것을 그제야 알게 되었다고 합니다. 그리고 또 몰랐던 것에 대해 부모는 서로를 비난하는 분위기였습니다.

아이가 사춘기에 이르면, 아이를 중심으로 움직였던 가족 관계에 변화가 필요합니다. 그런데 이때 40, 50대에 이른 부모들은 권태기에 접어들어 아이를 매개로 하지 않으면 서로에게 더 이상 관심을 느낄 수 없는 상태인 경우가 많습니다.

부모가 갖는 아이에 대한 의존 욕구를 다스리지 못하면 이 시기는 집착의 문제를 놓고 대격돌을 할 수도 있는 시기입니다. 외둥이 혹은 남매(외동아들+외동딸이니까 남매는 실제로 두 외둥이라고 할 수도 있습니다)의 입장에서 느끼고 생각해 본 적이 없는 부모님들은 독립과 이별을 준비하기 시작한 아이들 앞에서 당황할 수 있습니다. 아이들은 혼자라는 것을 외로워하기도 하지만, 부모와 공생하거나 의존하는 상태를 지속할 수 없다는 것을 절실하게 느낍니다. 그러니까 외롭지만 혼자인 셈이지요. 이모라도 있으면 다행이고 가까운 사촌이라도 있으면 다행인데 이런 확대 가족의 숨구멍이 없으면 아이들은 더 힘들기도 합니다.

제가 '너밖에 없어 증후군'이라고 부르는 이런 관계는 서로에게 서로를 가두려는 병적 의존 속에서, 어느 한쪽이 숨도 못 쉬면서 상처 받는 채로 지내는 부모 자녀 관계를 말합니다. 초등 저학년까지는 아이들이 어느 정도 모르고 지나가고, 또 알고도 넘어가지만, 사춘기가 되면 이 올가미에서 벗어나기 위해 폭발적으로 무엇인가를 벌이게 됩니다. 올가미가 두껍고 셀수록 아이들은 더 강하게 벗어나려고 하기 때문에 더 많이 다치기도 하지요. 혹시 자녀에게 이런 말을 해 본 적이 있나요?

"나에게는 너밖에 없다."

이 말이 어느 순간 자녀에게 사랑을 증명하는 말로 들리지 않을 때가 있다는 것을 알 필요가 있습니다. 부모도 외롭고 자녀도 외롭지만, 이 말이 자녀에게 산더미만 한 기대와 집착으로 느껴질 때, 서로가 더 외로워지고 싸움은 커집니다.

"카톡을 끊으려면 언니나 동생이 필요해"

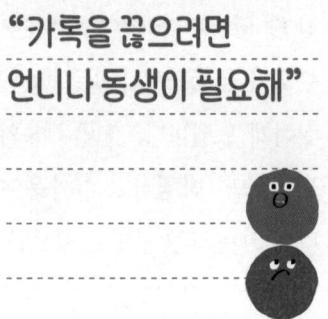

한 여중생 이야기입니다. 이 여중생은 엄마와 함께 진료실을 방문했습니다. 아이는 불만에 가득 차서 입이 댓 발이나 나온 채로 앉아 있었고, 엄마는 언성이 높아진 상태로 아이에 대한 걱정과 불만을 말씀하셨습니다. 아이가 핸드폰에 대한 집착이 너무 심하고, 카톡과 인터넷을 하다 지각하기를 반복하고 있다고 했습니다. 카톡을 하다가 새벽 3~4시에 잠드는 일이 빈번한데, 잠든 틈에 핸드폰을 들여다보면 한심한 내용들로 가득 차 있어 자는 아이를 때려 주고 싶었던 적도 한두 번이 아니었다고 합니다.

아시죠? 밤새 카톡 해도 아이들의 대화 내용은 ㅋㅋ, ㅎㅎ, ㅠㅠ들로 가득 차 있다는 것을요. 그리고 뒷담화와 각종 줄임말 투성이라 읽어도 내용 파악하기가 어렵다는 것을 말입니다. 어머니의 아이에 대한 고발성 진술이 다 끝나자, 아이가 말을 시작합니다.

> **❝** 이모가 그러는데, 엄마도 내 나이 때 툭하면 이모랑 밤새 이야기했다며? 이불 뒤집어쓰고 큭큭 대고 난리도 아니었다던데? 연애 얘기부터 선생님 뒷담화에, 몸매 사이즈까지 수다 떠느라 시간 가는 줄 몰랐다고 하더라. 나도 그런 거야. 집에 오면 얘기할 사람이 없잖아! 그런 거 가지고 엄마랑 얘기하는 애들이 어디 있어? 다 친구나 형제나 뭐 그런 사람들하고 얘기하는 거지. 내가 카톡 하는 거는 그런 거라고. 난 얘기할 데도 없다고. **❞**

어머니는 잠시 말문이 막히는 듯합니다.
"그래도 엄마는 지각도 안 했고 공부에 방해도 안 됐어. 근데 너는 문제가 되잖아. 그리고 집에 들어오기 전까지 친구들하고 있다 오는 거잖아!"
아이의 엄마는 아이의 질문에 다 대답하지는 않으셨습니다. 어떤 질문은 피하신 거죠. 그리고 현실적인 공부 문제와 낮 시간에 충분히 친구를 본다는 것만 강조하셨습니다.
아이는 "학원 같이 다니는 애들하고는 안 친하단 말이야, 내가 친한 애들은 다른 학원 다녀서 못 만난다고!"

엄마가 다시 "그러니까 좀 줄이기만 하면 되잖아, 그럼 이런 데까지 안 오잖아. 그게 그렇게 안 되니?"

아이는 "난 못 끊어! 아니면 엄마가 언니나 동생을 낳아 줬어야지. 엄마처럼 밤새 말할 사람 있게."

둘이 서로 참 말도 안 되는 이야기를 한다는 분위기로 잠시 빤히 쳐다보더니 아이가 말을 이었습니다.

"내가 전에 뭐라 그랬어? 엄마가 집에 빨리 오든지 강아지를 사 주든지 해 달라고 했잖아."

"강아지 얘기가 여기서 왜 나와? 엄마는 강아지 못 키운다고 했지? 강아지를 키우면 네가 키워? 네가 똥오줌 치우고 목욕시키고 다 할 거냐고?"

이후에도 공방이 서너 차례 이어졌습니다. 그래도 이 상담은 강아지를 사고 카톡을 줄이기로 약속하는 것으로 끝이 나긴 했습니다. 그리고 신기하게도 강아지를 입양한 이후 아이는 카톡을 줄였다고 합니다. 언니나 동생을 대신해서, 또 친구를 대신해서, 강아지가 아이의 수다 대상이 되었나 봅니다.

사춘기가 시작되고 할 말이 많아진 아이들. 부모는 더 이상 그 모든 주제의 대화 상대가 될 수 없고 아이들은 다른 누군가를 필요로 합니다. 사람이 아니더라도 다른 무언가를 필요로 하게 됩니다. 누구인가와 무엇인가가 아이들에게 어떻게 있느냐가 이 시기의 중요한 밑그림입니다.

어른 열에 애는 하나!
'황태자 증후군'

    한 아이가 학교에서 선생님에게 대들고 욕을 했다는 이슈로 교권 보호 위원회에서 저에게 상담을 의뢰했습니다.

    아이는 불만이 높은 채로 진료실에 와서 억울하다는 투로 말을 했습니다. 선생님이 자신에게 집에서도 하지 않는 뒷정리와 청소를 시킨 것이 분해서 선생님에게 해선 안 될 말을 했다고 합니다. 욕을 해서는 안 되지만, 선생님도 가르치지 않고 시키고 부려먹는다는 식의 불만을 쏟아 냈습니다. 그러고 나서 아이는 자신의 이야기를 서서히 하기 시작했습니다.

> 우리 친가는 할아버지, 할머니, 아빠, 엄마, 삼촌 이렇게가 전부예요. 삼촌은 이미 나이 40이 지났는데 장가갈 생각이 없어요. 친가에서 아이는 저 하나예요. 유일한 손주예요.

외가는요, 외할아버지, 외할머니, 엄마, 아빠, 외숙모, 외삼촌에다가 저랑 로즈랑 루비예요. 로즈랑 루비는 외삼촌네 강아지인데, 외삼촌과 외숙모는 인간 자손은 낳지 않고 강아지만 낳을 거라고 해요. 외가에서도 손주는 저 혼자예요.

가족이 모일 때마다 애라곤 저밖에 없으니, 아주 힘들어요. 배운 거 해 봐라, 재롱 떨어 봐라 해서 10년간 리사이틀 했지 뭐예요. 이 식구들이 모두 저만 바라보고, 예뻐하고, 희망이라고 하니까 너무 힘들어요. 부담스럽고, 잘하지 않으면 안 될 것 같고. 사는 데 자유가 없어요. 내 맘대로 할 수가 없고 늘 가족들을 생각해야 해요.

그런데 외가나 친가 식구들은 내가 사랑만 듬뿍 받는다, 그런 생각만 하는 것 같아요. 저도 외롭고, 힘들고, 부담스럽고, 이 가족에서 벗어나고 싶어요. 〞

이처럼 양가 통틀어 외둥이의 이야기는 요즘 드문 사례가 아닙니다. 앞으로 저출산 사회가 계속되면서 이런 사례는 더 늘어날 것입니다. 어쩌면 이 아이들은 극단의 외로움을 겪고 있을지도 모릅니다. 이런 부담 속에서 중국이나 홍콩에서 말하는 황태자 증후군과 비슷한 현상이 우리 사회에도 나타나고 있고, 그런 조짐은 더욱 강력해지고 있습니다.

"했냐, 안 했냐?"는 최악의 대화법

　한 어머니가 중학교 2학년 남자아이를 데리고 왔습니다. 아이가 통 말이 없고 뭘 물어도 대답도 하지 않고 짜증만 낸다고 합니다. 아이는 부모님과 특별히 할 이야기가 없다고, 자신은 대답을 안 하는 것이 아니라 대답할 말이 없다고 합니다.
　많은 부모님들이 아이가 대화에 응하지 않는다고 답답해 합니다. 그런데 아이들의 입장은 다릅니다. 부모님과 이야기하는 것이 지겹다고 합니다. 그리고 대답하고 싶지도 않다고 합니다.
　전부가 그런 것은 아니지만 부모와 대화하는 것에 거부감을 갖고 있는 아이들은 나름의 내력들이 있습니다. 한참을 엄마가 이야기하게 두더니 드디어 그 남학생이 침묵을 깨고 일장 연설을 하기 시작했습니다.

> 엄마가 물어보는 것은 뻔해요. "잘했니? 얼마나 했니? 다 했어?" 이런 것이 엄마의 대화예요. 어렸을 때부터 유치원에 갔다 오면 엄마의 첫 질문은 "잘했니?"라는 것이었어요. 그리고 시작되는 거지요.

"오늘 할 것은 뭐니?"

"다 하고 놀아라."

"얼마큼 했니?"

"언제까지 할 거니?"

"빨리 해라."

"왜 꾸물대니?"

그다음 날 학교 갔다 오면 또 "잘했느냐? 혼나지 않았느냐?"라고 합니다. 그리고 시작되지요.

"빨리 할 일 해라."

"계획대로 해라."

"왜 이것밖에 안 했느냐."

이런 말이 엄마가 하는 말의 반 이상이에요. 내가 무슨 엄마한테 뭔가를 해 놓아야 하는 노예예요? 그렇죠! 노예 맞죠. 공부 노예, 숙제 노예. 아니면 무슨 엄마가 빚 해결사 같아요. 나는 빚쟁이고요. 공부 빚쟁이, 성적 빚쟁이.

"그만해도 좋다, 좀 쉬어라."

"오늘은 안 해도 좋으니 그냥 실컷 놀자."

"됐다."
"괜찮다."
이런 말은 거의 한 번도 해 준 적이 없어요. 정말 엄마 얼굴만 봐도 짜증나요. 빚쟁이가 빚 받으러 온 사람을 좋아할 리가 있어요? 노예가 주인이 나타나면 좋아하는 거 봤어요? 우리 엄마가 나한테 말을 거는 것은 대화를 하자는 것이 아니라 했느냐, 안 했느냐를 따지는 것이지 대화가 아니에요. 99

아이의 어머니는 '이놈 봐라?' 하면서 놀란 기색이 역력했습니다. 그렇지요. 어찌 보면 이것은 대화라기보다는 점검, 확인, 채근, 압박일 뿐이지요. 대화는 서로 주고받는 것이어야 하는데 이런 식의 대화는 아이로서는 요구에 답하는 것밖에 없게 됩니다. 이런 대화를 6~7년 하고 나면 지겹기도 하겠다는 생각이 듭니다. 우리가 그런 상사 밑에서 6~7년 일한다고 생각을 해 보세요. 아마 그 사이에 직장을 바꾸었을는지도 모를 일입니다.

이날 이후로 이런 식의 '했냐, 안 했냐' 대화가 얼마나 많은지 여러 자리에서 듣게 되었습니다. 그리고 그런 방식의 일방적인 대화를 놓고 부모님들은 자녀들과 소통하고 있다고 생각하고 있고, 아이들은 듣기도 싫어한다는 것도 알게 되었습니다.

부모와 이런 대화를 주로 해 온 아이들에게는 기억나는 추억도 없는 경우가 많았습니다. 여행 가방 안에도 문제집은 챙겨 가야 했던 아이들에게 가족 여행은 소중한 추억이 아니라 단지 숙제를 위한 행사였을 뿐입니다. 이 아이들에게는 그저 오랫동안 강제 노역에 시달려 온 척박한 마음밖에 없는 것처럼 보였습니다.

그 아이의 표정도 그랬습니다. 생기 없고 무언가에 시달리는 사람들이 갖는 피곤한 기색, 만사가 귀찮다는 듯한 짜증. 하지만 그 아이의 어머니는 그런 아들을 이해하기 어려워했습니다. '부모란 으레 자녀에게 해야 할 것들을 하라고 말하는 임무가 주어졌다'는 표정이었습니다.

이 아이의 마음을 열기까지 많은 시간이 필요했습니다. 열다섯 살 아이에게 생동감 넘치고 활기찬 인생에 대해 이야기하기까지 시간이 걸렸고, 부모님과 마음을 나누면서 지내는 관계가 어떤 것인지에 대해 이야기하는 것에도 시간이 걸렸습니다.

가족이 무슨 공장인가요? 해야 할 일로 가득 차고 무언가를 생산해 내야 하는. 가족이 무슨 주인과 노예 관계인가요? 부모가 생각하는 조건을 만족시킬 때까지 아이들이 소외된 노동을 해야 하는. 이런 불만이 축적되면 아이들은 정신적, 신체적으로 거부할 힘이 생겨나는 사춘기가 되면서 이런 강박적 요구를 거부합니다.

하지만 부모님들은 또 왜 그렇게 해야만 했을까요? 아마 본인도 불안하고 자식들이 힘들게 살까 봐 걱정되어서 그랬겠지요. 보고 배운 것도 그런 것이었겠지요. 자녀를 보살핀다는 것은 공부할 수 있게 해 주는 것이지 그 외에 또 무슨 부모 노릇이 필요한가 하는 생각을 하셨을지도 모르겠습니다.

　부모와 자식 관계에서 공부를 가르치는 것보다 중요한 정서를 가르치는 일을 하지 않으면 많은 문제들이 발생합니다. 미국의 대상관계 정신 분석 이론가인 크리스토퍼 볼라스Christopher Bollas는 『대상의 그림자』(한국심리치료연구소)에서 겉으로는 정상처럼 보이지만 속으로는, 즉 정서적으로는 무감동하고 공감하기 어려워하는 아이들을 '정상처럼 보이는 병Normotic Illness'이라고 부른 바 있습니다. 속이 텅 빈, 과제만 해내면 다른 정서적 문제는 별로 중요하지 않게 여기는, 반영적 경청*이나 성찰**을 제공하지 않았던 양육의 결과로 빚어지는 아이들의 모습을 이야기한 바 있습니다. 이 아이의 상태는 그렇게까지 심각하지는 않았지만 생기 없고 무기력하면서도 성적이나 수행이 아주 뒤떨어지지는 않는 상태를 보니 볼라스의 이론이 많이 생각이 났습니다.

---

*　상대방의 감정을 함께 느껴 주면서 경청하는 것을 말하는 것으로, 아이가 "오늘 학교에서 시험 때문에 힘들었어요"라고 하면 "우리 ○○가 시험 때문에 학교에서 힘들었나 보구나"라고 함께 공감하면서 경청해 주는 것을 말한다. 공감이 있기 위해서는 반영적 경청은 필수적인 대화 기술이다.
**　아이와 함께 깊게 생각해 보는 기회를 갖는 것. 특히 과정이나 결과에 대한 영향, 주변 반응, 자신의 상태 등에 대해 비판적이면서도 분석적으로 생각하는 기회를 갖는 것. "네가 그런 행동을 하면 다른 사람은 어떻게 느낄 것 같아?"라고 물어 주고 함께 이야기를 나누는 것을 말한다.

"엄마는 생물학적 모친일 뿐이야"

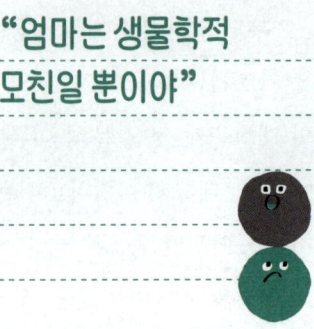

또 다른 여학생의 이야기입니다. 이 아이도 참 힘든 사연으로 찾아왔습니다. 학교에서 갑작스러운 분노 폭발이 있었다고 합니다. 상담은 제 질문으로 시작되었습니다.

"어떤 것이 힘들었니?"

"말해도 이해받지 못하니까 너무 힘들어요."

"그래, 네 주변에 널 이해해 주는 사람이 없어?"

"네, 말할 사람도 없고 이해도 못 받아요."

엄마가 끼어들었습니다.

"엄마도 있고 이모도 있고 네 주변에 사람이 얼마나 많은데 말할 사람이 없어?"

아이가 대뜸 말했습니다.

"이분은 저의 생물학적 모친일 뿐입니다."

이 말을 들은 아이의 엄마는 기막혀 하면서 성을 내며 말했습니다.

"너, 사람들한테 이렇게 말하고 다니니?"

아이는 말을 이었습니다.

> 이분은 저의 생물학적 모친인데 저를 낳고 먹여 주고 입혀 주고 학교 다니라고 돈 대주는 것이 다예요. 이분은 저를 잘 몰라요. 제가 무슨 고민을 하는지, 뭘 좋아하는지, 뭘 하고 싶어 하는지 몰라요.

엄마는 아이의 말을 가로채듯이 다시 끼어들었습니다.

"내가 너를 뭘 몰라? 내가 낳아서 지금까지 키웠는데 내가 모르는 게 뭐가 있어?"

"나에 대해 뭘 알아? 내가 무슨 고민을 하는지, 뭘 힘들어하는지 알아?"

아이도 화를 내며 엄마를 째려보면서 말했습니다.

"엄마가 네 쓸데없는 고민까지 다 알아야 하니? 엄마가 얼마나 바쁘고 힘든데 허구한 날 잡생각만 하는 네 생각을 어떻게 알아?"

아이가 말했습니다.

"그럼 뭘 말해야 하는데? 그런 생각들 아니면 할 이야기가 뭐냐고? 공부 이야기? 그게 할 이야기 다야?"

"너한테 지금 제일 중요한 게 뭐야? 그게 공부니까 공부 이야기 하는 거지! 그리고 엄마가 너한테 시시콜콜히 어떻게 다 신경 쓸 수 있어? 네가 처리할 문제는 네가 처리해야지!"

아이는 치료자인 나를 쳐다보면서 이야기했습니다.

"보셨지요? 이분은 제 공부 문제를 제외하고는 신경 쓸 게 없대요. 저에 대해 별로 아는 게 없는 분이에요, 서로 할 이야기가 별로 없어요."

엄마는 포기하듯이 말했습니다.

"그럼 너! 네 잡생각 듣는 엄마를 따로 두든지 네 맘대로 해라. 나도 더 이상 못하겠다."

"그래, 안 그래도 이제 정신적 엄마 하나 따로 두려고. 됐어! 이분은 이제 그만 나가라고 하세요."

"이 병원비도 내가 내는 거 알지? 오늘까지는 내가 내는데 다음부턴 네 정신적 엄마가 있으면 그 사람에게 내라고 해!"라고 하며 어머니는 자리를 박차고 일어나 나가셨습니다.

끼어들 새도 없었습니다. 아이는 고개를 숙이고 울었습니다. 아마 나가서 기다리고 있을 아이의 엄마도 울고 있었을 것입니다.

그 후 자그만 목소리로 얼마간 진행된 아이와의 상담은 아이의 가족 이야기 일부, 학교 이야기 일부, 그리고 외롭다는 이야기였습니다. 마음을 잘 다독여서 다음에 또 보기로 했습니다. 그리고 꽤 오랜 시간 동안 그 아이와 어머니를 만나면서 상담을 해 나갔습니다.

아이는 실제로 똑똑하고 괜찮은 아이였는데 부모의 이혼, 죄책감, 공부에 대한 고민, 또래들 관계에 대한 고민, 그리고 잘 풀리지 않는 현실의 문제로 괴로워하고 있었습니다. 일하는 어머니는 본인의 일 때문에 시간을 내기 힘들어했습니다. 경제적으로 어렵지는 않았지만 가족 모두가 외로웠습니다.

어머니는 그 외로움을 자신의 일로 달래고 채우면서 아이도 자신처럼 공부로 그 외로움과 힘겨움을 채우기를 바랐던 것 같습니다. 아이의 마음을 어루만지면서 아이에게 마음의 힘을 실어 줄 여력이 어머니에게는 없었습니다. 아이는 어머니와 시시콜콜한 이야기들, 옷 이야기부터 시작해서 화장품, 친구들에 관한 이야기, 남자 친구 문제, 연예인들 이야기, 취향에 관한 여러 이야기들을 나누기를 바랐습니다. 다른 말로 하면 정서적 관계를 원했던 것이지요. 하지만 어머니는 그런 것은 지금 사치라고 여겼습니다. 본인도 성장하는 과정에서 그런 이야기를 본인의 어머니와 나누어 본 적이 없었습니다. 어머니는 자신의 감정을 다루기도 벅찬 상태라고 했습니다. 바빠서 이야기를 나눌 수 없는 것도 맞는 얘기였지만 한편으로 모르고 불편해서 피한 것도 맞는 얘기였습니다. 아주 극단적으로 생각할 때는 '아이를 돈으로 키우지, 관심과 사랑으로 키우는 거야?' 하는 데까지 간 적도 있었다고 합니다.

너무 식상하고 말하기도 부끄러운 질문이지만 여러분에게 한 가지 질문을 드리겠습니다.

"아이는 돈으로 크나요? 사랑으로 크나요?"

둘 다 필요한 것이 맞지만 사랑이 없는 상태에서의 돈은 우리가 예상했던 것과는 다른 결과를 낳습니다. 종종 만나는 부자 부모를 둔 비행 청소년들에게 주로 이런 경우가 많았습니다.

이 경우는 아이도 상담하고 어머니도 따로 상담했습니다. 시간이 꽤 지나서 어머니가 말씀하셨습니다.

"이제, 정신적 어머니 역할도 조금 해야지요. 어색하지만 그래도 딸이 이런저런 이야기를 하면 이제는 들어 주고 웃어넘기곤 해요. 하지만 아직도 가끔은 그런 이야기들로 시간을 때워야 하는 것이 피곤한 건 사실이에요. 사업이 애들 키우는 것보다 더 쉽네요."

그렇지요? 때때로 가족이 제일 어렵습니다. 일이 더 쉽고요. 그중에서도 아이를 키우는 것은 더 힘듭니다. 마음까지 알아주어야 할 줄은 몰랐다고 고백하는 부모님들이 간혹 계십니다. 자신들이 부모와 그런 대화를 하지 않고도 큰 문제없이 자랐듯이 아이들도 그저 자라는 것으로 생각하고 싶었고 그래 주길 바랐다고 하십니다.

근데 여기에는 착각이 있습니다. 자신이 큰 문제가 없다고 생각하는 착각 말입니다. 부모님들 중 본인이 갖고 있는 부모와의 상처로 인해 지금 자녀와 어려운 분들이 많습니다. 내적으로는 힘들고 궁핍했지만 비행이나 불성실한 모습을 보이지 않고 살아왔기 때문에 '난 괜찮다'라고 여기지만, 자녀와의 관계에서는 큰 어려움을 겪고 있는 경우들 말입니다.

이런 분들 중 일부는 자녀와의 관계에서 마음보다 능력이 중요하다고 여기곤 합니다. 본인들이 마음을 나눌 줄 모르는 부모 자식 관계를 해서 그렇지요. 차가운 부모님들 밑에서 자란 또 하나의 차가운 부모님들은 특히 마음을 얘기하는 딸들의 요구가 부담스러울 따름입니다. 그러니까 아이가 힘들어하는데 아이만 문제가 있고 나는 아무 문제가 없다는 것은 다시 생각해 보고 검토해 볼 일입니다. 사춘기 자녀와의 갈등은 다른 시각으로 보면 10대의 외로움과 40~50대의 외로움이 부딪치면서 생겨난 갈등일 수 있습니다.

> **사춘기 자녀 이해를 도와주는 실전 심리학 ①**
> ## 칼릴 지브란의 「아이들에 대하여」

그대의 아이는 그대의 아이가 아니다.
아이들은 스스로 자신의 삶을 갈망하는 큰 생명의 아들딸이니
그들은 그대를 거쳐서 왔을 뿐 그대로부터 온 것이 아니다.
또 그들이 그대와 함께 있을지라도 그대의 소유가 아닌 것을.

그대는 아이에게 사랑을 줄 수 있으나,
그대의 생각까지 주려고 하지 말라
아이들에게는 아이들의 생각이 있으므로.
그대는 아이들에게 육신의 집을 줄 수 있으나
영혼의 집까지 주려고 하지 말라
아이들의 영혼은
그대는 결코 찾아갈 수 없는
꿈속에서조차 갈 수 없는
내일의 집에 살고 있으므로.

그대가 아이들과 같이 되려고 애쓰는 것은 좋으나

아이들을 그대와 같이 만들려고 애쓰지는 말라
삶이란 뒤로 물러가지 않으며 결코 어제에 머무는 법이 없으므로.

그대는 활, 그리고 아이들은 살아 있는 화살이 되어 앞으로 나아간다.
그리하여 활 쏘는 자인 신은 무한의 길 위에 과녁을 겨누고
자신의 화살이 보다 빨리, 보다 멀리 날아가도록 온 힘을 다해
그대를 당겨 구부리는 것이다.

그대는 활 쏘는 이의 손에 의해 구부러짐을 기뻐하라
그는 날아가는 화살을 사랑하는 만큼 흔들리지 않는 활 또한 사랑하기에.

이런 부모가 되어 주세요

✔ 아이들이 외롭게 크고 있다는 것을 알아주세요.

✔ 아이들에게는 이모, 삼촌 등 부모 외의 어른들이 필요하다는 것을 명심해 주세요.

✔ 부모의 기대를 자신이 혼자 감당해야 한다는 부담감이 아이들에게 있다는 것도 이해해 주세요.

✔ 사춘기에 들어선 아이들은 이제 어린이가 아니라는 것을 확실히 인정하고 대해 주세요.

✔ 행동이나 과제를 점검하는 것보다 아이의 마음을 살피는 것이 먼저라는 것을 명심해 주세요.

✔ 아이들과 대화를 하려면 말하기보다 듣기가 먼저라는 것을 명심해 주세요.

✔ 아이의 문제가 크게 다가오면, 혹시 내가 문제를 너무 크게 보는 것은 아닌가도 점검해 주세요.

2부 → 집에서는 '왕자' 학교에서는 '엑스트라'

"자신감은 안 파나요?"

요즘은 사춘기가 초등 고학년부터 일찍 시작되기도 하지만, 대개의 경우는 중학생 때부터 시작된다고 볼 수 있습니다. 그런데 중학생이 되어서 크게 달라지는 것 중 하나가 초등학교 때는 존재하지 않았던 석차가 뚜렷한 성적표를 받는다는 것입니다. 잘하는 아이와 못하는 아이의 구별이 확연해집니다. 그리고 이 과정에서 눈에 띄는 아이가 되지 않으면 익명의 존재로 자신의 운명이 바뀌고 있다는 것을 느끼게 됩니다.

알고 지내는 분을 통해 예약 날짜보다 앞당겨 온 어머니와 아들이 있었습니다. 중학교 2학년. 어머니는 앉자마자 이야기를 시작했습니다.

"남들은 중2병이다 뭐다, 허세가 쩔고 잘난 맛에 난리도 아니라는데, 우리 애는 완전 거꾸로예요. 얘 봐요. 얘가 어디 중2병이에요? 야, 유명하신 선생님에게 왔으니 오늘 문제를 다 풀고 가자. 있잖아요, 선생님. 얘가 아주 사춘기 들어서더니 완전 더 쪼그라들었어요. 더 말도 없어지고요, 더 주눅도 많이 들고요, 더 바보가 된 것 같아요."

어머니는 아이를 쳐다보며 한심하다는 투로 말을 이었습니다.

"어깨 안 펴? 고개 좀 들어!"

거의 소리를 지르다시피 했지요.

"보이시죠? 얘가 이래요. 똑바로 앉아! 아이고 답답해. 네가 뭐가 힘든지 오늘 여기서 얘기 다 하고 가자. 얘가요, 자신감이 없을 이유가 하나도 없어요. 피아노도 했지, 바이올린은 대회에 나가서 상도 탔어요. 공부도 괜찮게 해요. 운동 신경이 조금 없어서 그렇지 그것 말고는 뭐, 특별히 문제가 없어요. 근데 나가 노는 것도 싫어하지, 맨날 컴퓨터만 붙잡고 있어요."

그러더니 목소리가 좀 전보다 더 커졌어요.

"야, 엄마가 다 말해야 되니? 네가 말해 지금부터는. 왜 여기 와서도 말을 안 해? 선생님은 전문가이니까 한눈에 딱 아실 거예요. 보셨죠? 지금 애 태도, 눈빛. 어휴, 사내가 이래 가지고 어떻게 살아요? 하여튼 자신감이라고는 하나도 없어요."

아이는 들어올 때보다 더 쪼그라들어 있었습니다. 말하고 싶어 하지 않았으나 어머니는 침묵을 허락하지 않겠다는 투로 말을 이어갔습니다.

"선생님이 애 자신감 좀 심어 주세요. 그러려고 오늘 여기까지 멀리 온 거예요. 부탁이에요. 돈이라든지, 시간이라든지 걱정하실 필요 없어요. 우리 부부는 애가 자신감을 갖고 뭐 좀 열심히 하겠다 그러면 다 가능해요. 중학교 2학년인데 벌써 이러면 어떻게 해요? 내가 완전 미치겠어요. 차라리 어디서 자신감이라는 걸 팔기라도 하면 비싸도 좋으니 사겠어요. 선생님, 자신 있으시지요? 이런 아이들 많이 보셨으니까. 안 그러면 제가 왜 왔겠어요. 백화점에서 팔면 내가 이미 사 줬을 텐데 아무 데서도 팔지 않으니까 이 자리에 온 거예요."

그런데 제 속마음에서는 '아쉽게도 제 진료실에서도 자신감을 팔지는 않아요. 어떡하지요?'라고 하고 있었습니다. 제가 어머니에게 잠시 아이와 둘이서만 이야기를 나누고 싶다고 했습니다. 아이는 어머니가 나간 다음에 한숨을 내쉬며 고개를 더 떨구었습니다.

"지금, 이야기 나누는 것이 괜찮겠니?"

아이는 고개를 저었습니다.

"그래 알았다. 일단은 심리 검사나 애착 검사 그런 거 하기로 했다고 하고 내가 잘 말할 테니, 다음에는 따로 이야기 나누자. 마음이 힘들겠다."

그리고 아이는 나갔습니다. 어머니가 들어오셔서 2라운드를 하고 가셨고 그 이후 검사 예약은 취소하셨습니다. 어머니가 오죽 마음이 답답하면 그렇게 하실지 한편으론 안쓰러웠고, 또 아이가 힘들 것을 생각하니 마음도 아프고 그랬습니다.

사춘기가 되면 아이들은 변모하는 신체, 내면의 변화들로 위축됩니다. 그런 위축과 어색함, 낯섦에 대해 아이들의 방어 기제는 침묵, 반항 등 다양합니다. 이런 방어의 갑옷을 풀기 위해 필요한 것은 격려입니다. 하지만 우리는 격려가 필요한 중학생에게 꾸중을 해 댑니다. 잔뜩 혼을 내고 난 다음에 기를 펴라고 하지요. 이것은 병 주고 약 주는 것이라고도 할 수 없습니다. 이렇게 되면 있던 자신감도 사라집니다.

사실 중학생이 되면서 마치 경조증hypomania* 환자처럼 들뜨는 아이들도 있습니다. 이런 아이들은 눈에 확 띄어서 많아 보이지만 더 많은 아이들은 조용한 혼란 속에서 지내게 됩니다. 그런데 많은 아이들이 왜 사춘기가 되면서 더 위축될까요? 이는 가정에서의 훈육과 학교에서의 훈육이 다른 데서 오는 혼란 때문에 비롯됩니다. 2부에서는 이 이야기를 해 보려고 합니다.

---

* 조증의 전 단계. 자아감이 고양되고 들뜨고 분주하고 목적 지향적인 활동이 늘고 말도 많아지고 소비도 커지는 등 평상시 보이지 않던 행동들이 나타난다.

학교에서 명찰이 필요한 이유

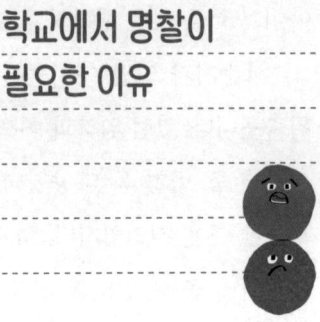

학교가 왜 재미가 없을까요? 여러 이유가 있겠지만 제가 상담하는 한 중학생의 이야기는 이렇습니다.

"선생님, 명찰이 왜 필요한지 알아요?"

"명찰? 그건 선생님들이 네 이름을 알아보기 위해 필요한 거 아니야?"

"그게 아니죠. 명찰이 필요한 건 시키거나, 혼내거나, 이름을 못 외우니까 필요한 거예요. 참 순진하시네요. 선생님, 외국 영화 좀 보셨죠?"

"그렇지, 외국 영화 많이 봤지."

"외국 영화에서 청소년들이 명찰 달고 있는 거 보셨어요?"

"음~, 그러네……."

"근데 왜 우리는 명찰을 달까요? 그게 다 내가 말한 이유 때문이라니까요."

"그럴 수도 있겠다."

"하지만 달고 있으면 뭐해요?"

"왜 또?"

"부르지도 않아요."

"그게 무슨 말?"

"저처럼 조용하고 소심하고 눈에 띄는 것을 싫어하는 아이들의 이름은 선생님들이 특별히 부를 이유가 없다고요. 한 달에 한 네다섯 번이나 불릴까? 아마 어떤 선생님은 내 얼굴만 희미하게 알 거예요. 이름은 모르고요. 저는 학교에서 거의 존재감이 없어요. 그런데 우리 엄마 아빠는 집에서 저에게 뭐라고 하는지 알아요?"

"다른 집처럼 너도 혹시 왕자 아니면 장군, 아니면 최고?"

"맞아요, 저는 집에서는 왕자라고요. 우리 아버지도 할아버지도 옛날부터 그렇게 불렀다고요. 그런데 학교에 가면 그냥 선생님들의 머슴이에요, 머슴. 시키는 대로 해야 되고 하라면 해야 되는 머슴이요. 선생님들은 내가 누구인지도 내가 어떤 아이인지도 모르면서 이것저것 시켜요."

"학교에서 선생님들이 네 이름을 많이 부르고 관심도 가져 주기를 바라는구나?"

"아니요, 그러면 정말 귀찮아져요. 지금 이대로가 좋아요."

"그래, 집에서는 네가 최고인 것처럼 대우받다가 학교에서는 선생님들이 네 이름도 잘 모르고 관심도 없고 인정도 하지 않고……. 섭섭한 마음이 든다는 게 조금 이해가 가는구나."

"뭐, 이제 신경도 안 써요. 저나 몇몇 별 볼 일 없는 아이들은 다 그러려니 해요. 다만 집에서 엄마 아빠가 나한테 아주 잘해 줄 때는 조금 미안해요. 학교에서는 그냥 시시껄렁한 보이지도 않는 존재인데."

부모 세대야 학교를 다니면서 선생님이 쳐다봐 주는 것만으로도 만족했는지 모릅니다. 그 시절에는 존재 자체가 중요했지, 존재감까지 바랄 시절이 아니었으니까요. 그러나 지금의 아이들은 다릅니다. 존재감을 느끼기를 원합니다.

하지만 학교는 그렇지 않습니다. 아이들의 말을 빌리면 선생님의 뇌 구조상 선생님들이 기억하는 아이들의 최대 수는 10명인데 잘하는 아이 5명, 말썽 피우거나 못하는 아이 5명, 그렇게만 기억한다고 합니다. 관심을 못 끄는 대다수의 아이들은 선생님과 아무런 관계가 없다는 거지요. 한 학교에 전교생이 600명이라 치면 100명은 예쁨도 받고 이름도 제대로 알리고 100명은 미움 받고 듣기 싫은 이름으로 취급받지만 400명은 희미한 존재, 잊힌 존재, 혹은 200명 아이들이 주인공인 무대의 엑스트라 배우 같은 존재들이 된다는 것이지요. 실제로는 그렇지 않을 수도 있지만 아이들은 그런 느낌을 받는다고 합니다.

요즘 아이들은 이전보다 훨씬 더 자신들을 알아주길 원합니다. 왕자님, 공주님의 이름도 모르는 선생님들이 섭섭할 뿐입니다. 집에서는 주인공, 학교 가면 엑스트라! 이 역할의 전환에 아이들이 힘들 수 있지요. 그 마음, 짐작이 가시나요?

학교라는 것이 여러 아이들이 번갈아가면서 주인공으로 나오는 드라마 시리즈였으면 좋겠지만, 학교가 연출하는 드라마는 3년 내내 주인공이 크게 바뀌지 않는 경우가 많습니다. 3년 내내 엑스트라로 다니는 아이들은 재미가 있을 리 없지요.(사족이지만 이렇게 아이들이 익명의 존재로 지내는 이유가 선생님들 개개인 탓은 당연히 아닙니다. 교육 환경의 문제가 크지요. 우리는 더 작은 학교, 더 작은 학급, 더 많은 선생님이 필요합니다. 한 반에 30명이 넘고 한 학교에 1,000여 명이 다녀야 하는 경우, 학생들 전부를 잘 파악해서 도움을 주고 진로를 논하기는 어렵습니다. 피상적이고 형식적인 상태에 머물 수밖에 없을 것 같습니다. OECD 회원국들의 평균 학급당 학생 수가 20명 내외라는 소식을 들으면 우리도 시급히 작은 학급, 작은 학교가 되어야 한다고 생각합니다. 요즘처럼 까다롭고 다양한 욕구를 가지고 학교를 찾는 아이들에게 담임 선생님과 과목 선생님들로 짜인 현 학교 체제에서 30명 이상의 아이들을 성의껏 잘 돌보기란 쉽지 않다고 생각합니다. 어떻게 그것이 가능할까요?)

나는 잘하는 아이가 아닐지도 모른다는 두려움

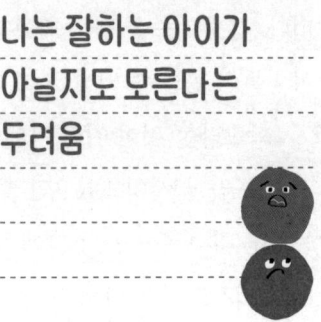

 중학생이 되고 사춘기가 시작되면서 아이들이 위축되는 이유를 알려면, 특별히 잘하는 아이들을 제외한 다수의 중학생들, 혹은 1등을 제외한 나머지 아이들이 받는 사회적 수준의 자기애적 손상narcissistic injury에 대한 이해가 필요합니다.
 14세, 15세의 아이들이 중학교에 와서 겪는 내면의 손상은 바로 자신이 잘하지 못하는 아이들 그룹에 속한다는 것을 인정하고 받아들이는 것입니다. 초등학교 때에도 이런 우열의 아픔을 느끼지만, 자의식이 충분히 발달되지 않은 상태라 아픔이 덜하다가 중학교에 와서는 정말 아파지는 것이지요.
 아이들은 자신이 어디에 속하는지를 점차 알게 됩니다. 상위 그룹에 들지 못한다는 것을 알게 될 때 오는 상실과 슬픔은 큰 아픔입니다. 아이들이 겪는 열다섯 살의 자기애적 손상, 나는 잘하는 아이가 아닐지도 모른다는, 잘하는 아이들의 집단에 속하지 못한다는 자괴감은 사랑받지 못할 것 같은 두려움, 자신을 사랑할 수 없게 되는 아픔으로 연결됩니다.

그래서 아이들은 이 시기에 모두 비명을 지르기 시작합니다. 조용하게 지르는 아이들은 무기력해지기 쉽고, 크게 지르는 아이들은 부모의 기대를 파괴하기 위한 행동을 시작합니다. 존재감을 위협당하는 것에 대해 의식적이든 무의식적이든 반응하는 것이지요.

부모님들이나 선생님들이 보기에는 성적이 조금 떨어지는 것에 불과하지만, 아이들은 '내가 있을 자리가 없다'고 느낍니다. 민감한 부모님이나 선생님들은 아이들의 아픈 비명을 예민한 귀로 탐지하지만, 그렇지 않은 부모님이나 선생님들은 난청에 가까울 정도로 듣지 못합니다. 그저 열심히 하지 않는 아이들을 비난하기에 바쁘지요.

아이들은 전국의 동년배들이 서 있는 긴 줄에서 자신이 어디쯤에 서 있는지를 파악하고 '이 줄에서 빠져야 되나? 계속 서 있어야 되나?' 고민을 하게 됩니다. 기분이 유쾌할 리 없습니다. 사실 참담한 상태이지요.

내 자식은 잘하니까 그런 내면의 아픔은 겪을 일이 없다고요? 혹시 어렴풋이나마 기억하시나요? 내가 대단한 아이가 아니었다는 것, 우리 엄마 아빠가 그렇게 예뻐해 주고 잘해 주셨지만, 나는 그냥 70명 반 아이들 중에 중간 정도 하는 아이였다는 것을. 그때 그 마음을 처리하던 자신의 내면세계를 기억하시느냐는 말입니다.

예전에도 그랬고 지금도 그렇지만, 우리는 잘하는 소수의 아이들에게는 입이 마를 정도로 칭찬하면서도 나머지 다수의 평범한 아이들에게는 격려와 응원을 하지 않습니다. 때로 위로나 격려를 한다고 하지만 더 비참하게 만드는 경우도 많지요. 새로운 기준의 제시, 이런 것에는 정말 무능한 상태이고요. 요즘 아이들은 이 과정을 더 아프게 겪는 것 같습니다. 외둥이나 두 둥이인 경우가 많아서 더 그런 것 같습니다.

> 사춘기 자녀 이해를 도와주는 실전 심리학②
> ## 아이들을 무기력으로 이끄는 4가지 말들

다음과 같은 말들은 우리 아이들을 무기력으로 이끕니다.

- 잘하지 못할 거면 안하는 것이 낫다. (과잉 열망)
- ○○보다 못하면 안하는 것이 낫다. (비교)
- 잘하려면 얼마나 힘든데……. (부담)
- 해 봐서 아는데, 실패가 더 많았다. (실패 예측)

이런 말들은 아이들에게 회피 행동을 일으켜 결국 무기력으로 이끕니다. 대신 이렇게 격려와 칭찬을 해 주세요.

"자신의 길을 찾아 꾸준히 가는 사람들이 아름답다."
"힘든 고비를 넘길 줄 아는 사람들이 멋지다."
"작은 성공을 쌓으면서 기회를 새롭게 만들어 가면 된다."

동네를 지킬 아이들, 나라를 지킬 아이들

    15세의 아이들은 중대한 선택을 해야 합니다. 이는 전 세계적으로 보편적인 문제라기보다는 몇 나라의 문제입니다. 특목고, 자사고, 특성화고 등 고등학교가 특별히 분화된 나라의 아이들에게만 해당되는 선택입니다.

    무슨 이야기를 하려고 하는지 아실 것입니다. 중학교 2학년 때쯤 아이들은 진지하게 고등학교 진학 문제를 고민하기 시작합니다. 본인이나 부모에 의해 이미 결정이 끝난 아이들도 있습니다.

    특별한 고등학교에 진학하기로 결정한 아이들은 다르게 움직입니다. 어떻게 다르게 움직이느냐고요? 주말이 없어집니다. 다니는 학원이 달라집니다. 어울리는 아이들도 달라집니다. 다른 지역으로 원정을 가기도 합니다.

    지방에서 올라와 상담한 중학생의 이야기를 전합니다.

> 선생님, 있잖아요. 우리도 알아요.
> 잘하는 아이들은 이제 우리랑 놀지도 않아요.
> 걔네들은 우리랑 어울릴 시간도 없어요.
> 자기네끼리 주말에 딴 동네 가서 학원 다닌대요.
> 애들이 벌써부터 이야기해요.
> 쟤네들은 특목고 가고, 우리는 일반고 가고,
> 쟤네들이 앞으로 우리나라를 이끌어 갈 인재들이래요.
> 쟤네들은 서울 가서 지내고, 우리는 동네에서 지내고,
> 그래서 너희들은 나라를 지켜라, 우리는 동네를 지켜 주마…… 그랬어요. "

"그런 게 너한테는 어떤 느낌으로 다가오길래 그런 말을 하는 거니?"

> 그러게요, 그냥 어느 날 문득 그런 느낌이 들더라고요. 저랑 같은 아파트 같은 동에 사는 애 중에 진짜 공부 잘하는 애가 있는데, 엄마가 그러는데 걔는 토요일부터 일요일까지 거의 학원에서 산대요. 엄마가 이 이야기를 조금 한숨을 쉬면서 하시는데 저는 별 볼 일 없는 사람이라는 느낌이 들었어요. 벌써 길이 달라졌구나.
> 저는 그렇게 잘하지도 않고, 또 열심히 할 생각도 없고, 은근히

기분 나쁘지만 할 수 없지요. 제가 속할 집단이 아니에요. 저는 별 볼 일 없어요. 그냥 평범해요. 엄마가 그 아이 이야기를 할 때마다 화가 나고 또 미안하기도 하고 그래요.
학교에서도 그래요. 학교는 그런 아이들 중심으로 돌아가는 거지요.
그 아이들이 학교를 빛낼 아이들이래요.
저는 그냥 빛날 아이들 옆에 있는 거지요.
그래서 안 보이나 봐요.
부모님도 그렇지만 선생님들도 똑같아요. 선생님들은 잘하는 아이들 몇 명과 문제를 일으키는 아이들 몇 명만 기억하지요.
학교에서 이름 한 번 불리지 않고 다니는 애들이 허다해요.
우린 '그냥 그렇고 그런 것들!'이랍니다. 💬

이런 말을 하는 아이의 심정이 느껴지시나요?

"스케이트 타자마자 연아 될 줄 알았다"

사춘기가 되면 냉혹한 현실 앞에서 자신감이 떨어져 위축되기도 하지만, 한편으로 많은 아이들이 특별한 아이가 되고 싶어 합니다. 탁월한 성과를 내는 것에 대한 동경, 즉 폼이 났으면 하는 열망이 굉장히 큽니다. 김연아 선수나 손흥민 선수 혹은 10대에 성공한 연예인들처럼 잘했으면 좋겠다는 마음이 큰데, 아이들은 그들이 얼마나 혹독하게 훈련하고 어려운 과정을 견뎌 왔는지는 잘 모릅니다. 성공한 사람들의 이면에 존재하는 보이지 않고, 잘 보여 주지 않는 인내와 숙달의 힘든 시간에 대해서는 모른 채 화려한 결과와 그에 따른 보상, 스포트라이트만 쳐다보고 본인도 그렇게 되기를 희망합니다.

거기다 영화도 참 많이 봤지요. 길어야 두 시간이 좀 넘는 영화에서 처음에는 찌질하던 주인공이 스타, 괴력의 영웅으로 변모하는 것을 봅니다. 그야말로 변화 과정이 두 시간인 거지요. 아이들은 모 통신사의 광고처럼 '생각대로' 될 수 있다는 마술적 사고를 합니다. 물론 초등학교 때처럼 황당한 흉내를 내지는 않지만, 능력을 키우고 좋은 결과를 얻기까지 시간이 걸리고 참아 내고 울어야 하는 힘든 과정에 대한 이해가 부족합니다. 그리고 자신에 대한 기대는 큽니다. 물론 큰 기대의 기원을 따지자면 부모, 사회의 영향이 크겠지요.

예전에 한 아이가 와서 한 말입니다.

"공부는 경쟁 상대도 너무 많고 재능도 없어요. 스케이트도 늦긴 했지만 공부보단 나을까 싶어서 한번 타 봤는데 안 되던데요?"

"뭐가 안 돼?"

"김연아처럼 타는 거요."

"굉장히 잘 타고 싶었나 보네."

"조금만 하면 비슷하게 흉내는 낼 줄 알았는데 아니더라고요."

"연습을 많이 해야 하지 않을까?"

"그래서 그만두기로 했어요. 비싸게 주고 산 스케이트가 아깝긴 하지만 몇 번 해 보니까 금방 재능이 없는 것을 알겠더라고요. 레슨 받기로 한 거 다 취소했고 그냥 포기했어요. 더 일찍 시작해야 했어요. 우리 엄마는 바보예요. 자식한테 재능이 있는 걸 어렸을 때 알아보고 시켰으면 내가 고생도 안 하는데……."

"누군가 네 재능을 발견해 주었으면 하는구나?"

"저한테 무슨 재능이 특별히 숨겨져 있겠어요? 그냥 그렇다는 거지."

잘하고 싶다는 열망, 폼 났으면 하는 바람, 그런데 힘들이지 않고 저절로 되었으면 하는 마음이 현실을 보면서 무너집니다. 아이들은 고통스러워 보이는 산을 앞에 두고 멈춥니다. 오르고 싶지 않은 거지요.

하기야 그 산을 누가 오르고 싶을까요? 그러나 인생의 길에서 그런 산은 꼭 나옵니다. 그 산을 넘지 않고 돌아가면 다시 제자리로 돌아와 있게 하는 그런 산이요.

산을 앞에 두고 포기해 버린 아이들은 속으로는 더 속상하고 힘들어하고 있을지도 모릅니다.

허세 · 선빵이
최고의 맞불

잘나고 싶은데 잘나기는 힘들고, 이렇게 왜소해진 상태의 자신을 보면서 아이들은 여러 궁리를 합니다. 다양한 공상과 환상을 갖게 됩니다. 아이들에게 '아무 생각이 없다' 이런 말은 정말 금기에 속하는 말입니다. 아이들이 무시당한다고 느끼는 가장 대표적인 말 중 하나입니다. 아이들은 오히려 생각이 많아서 탈입니다. 다만 이야기하지 않을 뿐입니다. 때로는 잘 정리되지 않아서, 때로는 아직 그것이 말로 표현하기 어려운 것이어서 이야기하지 않을 뿐입니다.

무시당하는 느낌을 가질 때 사람들이 흔히 쓰는 방어 기제는 부인하고, 오히려 과장해서 대처하는 것입니다. 그것이 바로 아이들이 말하는 '허세 쩐다'의 피상적인 심리 기제입니다. 큰소리쳐서 말 못하게 하고, 두고 보라고 하고, 까칠한 분위기 만들고 등등. 이는 아이들이 싫어서이기도 하지만 두려워서 만드는 분위기이기도 합니다.

최대한 허세를 부려서 순간순간 모면함으로써 말로 받는 심각한 자기애적 손상을 줄여 보려고 하는 것이지요. 그리고 아예 그런 분위기를 선제적으로 만들어서, 즉 선빵을 날려서 근접하지 못하게 하는 것이기도 합니다. 침울하고 까칠하다가, 또 어떤 때는 큰소리치고 걱정하지 말라며 기세등등하게 나가고, 이런 왔다갔다하는 상태가 사춘기 기분의 특징 중 하나라고 할 수 있습니다. 하지만 아이들은 그것을 알아채는 것도 싫어하고, 자신이 침울하다는 것을 인정하기도 싫어합니다.

사춘기, 미래로 가는 버스의 승차가 벌써 시작되었습니다. 마음은 최우등급 버스에 타고 싶은데, 삼등 버스가 내 버스라는 것을 아이들은 압니다. 영화에서처럼 때로는 이 세상이 확 변하기를 바라기도 합니다. 하지만 영화도 별로지요. 대부분의 영화에서는 주인공만 살릴 테니까요.

지금 연출되는 학교라는 무대에 나는 몇 번 등장하지 않는데, 엄마 아빠는 큰 꽃다발을 들고 보러 올 것입니다. 그래서 "오지 말라고, 오면 난 무대에 서지 않을 거야"라고 말합니다. 그리고 사실 무대에 몇 번 혹은 거의 등장하지 않고 막은 내릴 겁니다. 이런 기분으로 우리 아이들이 오늘 집을 나설 수도 있다는 것을 한번쯤 생각해 주시면 좋겠습니다.

노력과 능력의
갈림길에서

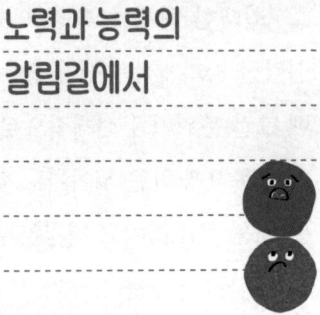

　초등학교 시절에 공부를 못했다고 하는 사람, 본 적이 있으신가요? 우리 모두 초등학교 때까지는 우등생이었습니다. 그런데 중학교에 와서 공부가 재미없어지거나 공부가 나랑 안 맞는다는 것을 알았죠. 혹은 나쁜 친구를 만나서 어울리다 보니 공부랑 멀어졌죠. 그렇지요?

　하지만 이 이야기에는 복선이 깔려 있습니다. 너무 기분 나쁘게 듣지는 마십시오. 언제나 그렇지만 모두가 그렇다는 것은 아니고 일부 그런 분이 있을 수 있다는 것이니까요. 복선의 핵심은 무엇이냐면, 중학교에 들어와서 공부가 어려워지면서 '노력과 능력의 갈림길에서 노력의 길로 가지 않았다'라는 관점이 있을 수 있다는 것입니다.

　초등학교까지는 덜 경쟁적이고 덜 어렵고 가혹한 평가를 받지 않다가, 중학교에 올라가면 등수를 밝히고 수업량과 과제량이 늘어나면서 이제 하룻밤의 수고로 어떤 성과를 내기란 어렵게 됩니다.

특별히 이전보다 더 노력해야 하는데 이것이 어려운 아이들은 공부에 대해 새로운 입장을 취하게 됩니다. 노력하는 것을 포기하고 공부를 하지 않기로 하지요. 그러면서 성적이 떨어진 다른 이유를 찾아내는 데 골몰하고 탓해야 할 대상을 찾기도 합니다.

형제가 많았던 시절에는 역할 분담을 했지요. 기대를 더 많이 받고 후원을 더 많이 받는 형제는 공부로, 그렇지 않은 형제는 다른 방법으로 살기로 분담을 하고 살 수도 있었습니다. 그러나 지금은 외둥이 아니면 두둥이 가정이니 공부에서 자유로울 수 있는 아이들은 없습니다.

성취해야 할 과제와 그 과제로 인한 스트레스가 증가하면서 아이들은 그동안 써 보지 않은 덕목들을 새로이 요구받습니다. 인내심, 극기력, 주도성. 그중 가장 대표적인 것은 노력이겠지요. 노력하는 법을 배우지 않은 15세는 기로에 서게 됩니다. 이 기로에 섰을 때 노력하는 대신 가장 좋은 변명거리가 되는 것은 '나는 머리가 좋지 않다', '나는 공부 머리가 아니다'라고 하는 머리 탓입니다. 고착된 능력으로서의 머리를 탓하면서 노력으로부터 멀어지는 것에 관하여 스탠퍼드대학에 있는 캐롤 드웩Carol

Dweck은 『성공의 새로운 심리학』(부글북스)에서 여러 가지 이론을 수립했습니다.

그에 따르면 두 종류의 사람이 있는데, 한 부류는 능력은 타고난 것이고 고정되어 있어 노력 여부에 따라 달라지는 것은 없다고 생각하는 사람들이라고 합니다. 이들은 과제가 어려워지면 머리 탓, 능력 탓, 운명 탓, 환경 탓을 하면서 과제를 포기합니다. 이런 고착된 마인드셋mind-set을 가진 사람은 발전이 어렵습니다.

반면 또 다른 부류는 능력은 고정되어 있지 않으며 노력하면 변화할 수 있고 시도와 실패 모두 의미가 있는 것이라고 생각하는 사람들이라고 합니다. 이들은 과제가 어려워지면 노력을 더 하고 새로운 방법과 비결, 관점을 찾아 과제를 해결하고 지속적으로 발전해 간다고 합니다.

이 두 부류는 다른 목표를 가지고 살아갑니다. 능력을 탓하는 사람들은 '평가 목표'를, 노력을 하는 사람들은 '학습 목표'를 가지고 살아간다고 합니다.

평가 목표를 갖고 살아가는 사람들에게 중요한 것은 다른 사람들에게 자신의 능력을 보여 주는 것이며, 어떤 평가를 받느냐입니다. 반면, 학습 목표를 가지고 살아가는 사람들에게 가장 중요한 것은 성장이고 흥미이며 교훈입니다. '지금 어떤 일을 잘 못한다'는 것이 불쾌하기만 한 경험이 아닙니다. 배우고 익히면 잘할 수 있다고 생각합니다. 그러니 뒤로 물러서는 태도를 취하지 않게 되는 것이지요.

여러분들의 자녀는 어떤 목표를 가지고 살아가고 있을까요? 또 여러분은 어떤 목표를 가지고 있습니까? 여러분들의 자녀에 대한 훈육, 잔소리는 노력과 과정에 초점이 맞추어져 있었나요? 아니면 능력과 결과에 초점이 맞추어져 있었나요? 저는 이 패러다임에 대해 여러 책에 썼고 강의에서도 많이 이야기해 왔습니다. 정말 중요한 삶의 프레임입니다.

중학생이라면 어떤 목표를 선택하는지의 경향은 이미 정해져 있습니다. 아주 의식적으로 일어나는 과정은 아니지만 이미 평가 목표 성향이 몸에 밴 아이들은 이 프레임에 따라 움직여 가기 시작합니다. 즉, 노력은 충분히 하지 않으면서 원래 좋았던 머리가 아니었음을 탓하고, 공부가 싫다거나 재미없다거나 혹은 재능이 없는 분야라고 합니다. 그리고 정도의 차이가 있지만 특정한 행동을 보입니다. 흉내만 내거나(부모에 대한 미안함으로), 무기력해지거나(무능하다는 것을 보여 주려고), 반항하거나(기대에 대한 부담에서 벗어나기 위하여), 게임에 슬슬 더 깊이 발을 담그는(도피하기 위해서) 등 여러 행동을 선택합니다.

그러나 오해는 금물입니다. 어떤 오해냐 하면, 이렇게 행동하는 아이들의 마음도 유쾌한 것은 아닙니다. 아이들의 이야기를 들어 보면, 슬픈 생채기들이 다들 조금씩 남아 있습니다.

캐롤 드웩이 제시한 목표에 따라 달라지는 유형 2가지

〈고착형 마인드셋〉 평가 목표	〈성장형 마인드셋〉 학습 목표
보이기(평가)가 더 중요	배우기가 더 중요
인정받기가 더 중요	즐기기, 학습하기가 더 중요
능력을 강조	노력을 더 강조
불변(고정)이라고 생각	변화할 수 있다는 믿음
운명이라고 생각	성장은 누구나 가능하다고 생각
획일적 가치	다양한 가치 수용
우연을 더 강조	필연을 더 강조
결과에 집착	과정을 중시
의무(고역)로 해야 함	흥미로 해냄
사실 자체가 중요	태도를 중요하게 여김

"천재가 아니라는 것을 알았을 때 나는 죽기로 했다"

지금은 그래도 꽤 안정적으로 지내는 20대 초반 청년의 이야기입니다. 이 친구의 10대는 정말 힘든 기간이었습니다.

초등학교 시절 이 친구는 거의 매 학년 반장을 했고, 잘생긴 데다 키도 크고 운동도 아주 잘했습니다. 뭐든 부모님이 시키는 대로 잘했다고 합니다. 어디를 가든 칭찬을 듬뿍 받는 아이였습니다.

중학교에 입학한 후에도 1학년 때 반장을 했고, 반 아이들 모두와 친하고 인기가 높았다고 했습니다. 그런데 1학년 후반기부터 문제가 생겼습니다. 성적이 떨어지기 시작한 겁니다. 공부를 안 하는 것은 아닌데 그동안 해 왔던 벼락치기로는 성적이 잘 나오지 않았습니다.

2학년 올라가는 겨울 방학에 엄마의 강요에 가까운 주문으로 학원과 과외 시간표를 더 빡빡하게 했습니다. 그러나 2학년 첫 중간고사에서는 1학년 후반 때보다 더 성적이 떨어졌다고 합니다. 그해 여름 방학 때부터는 부모와 갈등이 커지기 시작했습니다. 특목고 입학을 주장하는 부모와 다툼이 있은 후 아이는 공부를 거부하고 친구들과 어울려서 PC방에 다니기 시작했고, 급기야 학교를 안 다니겠다고 했답니다.

어머니는 수소문 끝에 상담을 오게 되었습니다. 아이는 엄마의 강요에 처음이자 마지막으로 딱 한 번만 저를 만나 보기로 하고 왔습니다. 상담은 아주 비협조적인 상태에서 진행되었습니다.

"학교를 다니고 싶은 마음이 사라졌나 보구나?"

"모르겠어요."

"어떤 것이 힘드니?"

"힘든 것은 없어요."

"어떤 것이 속상하니?"

"속상한 것도 없어요."

"뭐가 싫으니?

"엄마 아빠도 싫고 학교도 싫고 다 싫어요.

"그렇구나, 다 싫어졌구나. 다 싫어진 특별한 계기가 있니?"

"그냥, 시키는 대로 하고만 살았던 것 같아요. 짜증나요."

"그렇구나. 시키는 대로만 살았다는 거, 그게 무슨 말이지?"

"잘한다, 잘한다, 천재다, 최고다, 이런 거짓말들로 날 꾀어 공부하게 만들었는데, 이제는 싫어요."

"너 자신마저 싫어졌다는 뜻이니?"

"아니요, 잘 모르겠어요. 엄마는 너무 짜증나요. 내가 못하거나 싫다는데, 아니라고 하면서 자기 체면만 생각해요."

"네가 이렇게 힘들어진 것이 엄마 탓이라고 생각하는가 보구나."

"지겨워요. 엄마는 나를 완전히 가지고 노는 거 같아요. '넌 잘할 수 있다, 머리가 좋잖니, 조금만 노력해라, 금방 올라간다'고 했다가, '네가 부족한 게 뭐가 있니? 조금만 하면 되는데 안 하니까 이러지'라고 혼을 내요. 그러다가 '초등학교 때 천재 소리 들은 게 다 엄마 덕분이었다'고 하면서 아주 인간을 가지고 놀아요."

"초등학교 때 굉장히 잘했나 본데, 지금 무언가 변화가 있고 나니 엄마가 너를 굉장히 압박한다는 소리처럼 들리는구나."

"초등학교 때 좀 날리긴 했는데, 그건 그냥 초등학교 때 일이라고요. 난 이제 잘하지 않는다고요. 그리고 '노력이 조금 부족하다' 이런 말 싫다고요. 난 전보다 더 노력했어요. 나한테 공부가 안 맞는다고요. 선생님, 생각해 보세요. 천재 소리 듣다가 바보 소리 들으면 할 맛이 나겠어요?"

"무언가 잘하다가 못하게 되면 속이 많이 상하겠지. 더군다나 아주 잘했었다면 더 그렇고."

"진짜로 천재는 아니지만, 내가 뭐든지 척척 잘하는 아이인 줄 알았는데, 그게 아닌가 봐요. 좀 해 봤는데 아닌 것 같아요. 좀 했는데 안 오르니까 오히려 더 쪽팔려요. 잘 못하는 걸 하고 앉아 있는 게 싫어요. 잘할 수 있는 걸 할래요. 원래 운동도 잘하고 게임도 잘하니까."

"무엇이든지 잘하는 것이 중요하다는 것처럼 들리는데, 잘하지 못해도 재미있게 하면서 조금씩 나아지면 안 되는 걸까?"

"솔직히 까놓고 말해서, 잘한다는 얘기를 사실이든 아니든 많이 들어왔어요. 전 잘한다는 이야기 못 들으면 안 해요. 그리고 잘하지 못할 거면 그냥 죽는 게 나아요. 애들도 그렇고 부모님이나 선생님들도 얼마나 개무시하는데요. 혼자 재미있다고 꾸준히 한다? 그런 건 덕후 냄새 나는 거예요."

아이는 마치 저보다 더 인생을 잘 이해하고 있다는 듯이 이야기했습니다. "잘하지 못하면 무시당하고, 잘하지 못해서 그렇게 무시당할 것이면 그냥 죽는 것이 낫다"고 이야기를 했습니다. 여기서 죽는다는 것은 스스로 목숨을 끊겠다는 느낌까지 주지는 않았지만, 적어도 자신의 어떤 정신적 부분을 죽은 것으로 치겠다는 느낌은 주었습니다.

> 노력해야 잘하는 것은 원래 잘하는 게 아니잖아요. 제가

보니까 진짜로 잘하는 애들은 척척 하더라고요. 아니, 노력해서 하면 언제 따라가요?
전에는 무얼 할 때 힘이 들지 않았다고요. 그런데 이제 힘이 들어요.
노력하고 참고 그런 게 싫어요. 신나게 하는 맛이 안 나요. 그리고 하고 나서도 '잘했다' 이런 느낌이 팍 안 와서 싫어요.
예전에 제가 천재라는 말을 들었다고요. 근데 다 뻥이었어요. 이제 변할 게 없어요. 사실이 드러난 것뿐이에요. **"**

그 이후 상담은 어려웠습니다. 아이는 자신에게 많이 실망한 것 같았습니다. 부모의 노력은 오히려 도움이 안 되었습니다. 더 유명한 강사를 데려와 과외를 시켜 보았지만 아이의 태도에는 변화가 별로 없었습니다. 그리고 부모는 아이의 '능력 마인드셋'을 더 부추기는 실수들을 했습니다.

"너는 원래 부모들을 닮아서 머리가 좋다."
"네가 뭐가 부족하다고 그러니?"
"너보다 못한 애들도 다 별문제 없이 잘한다."

그 이후 아이는 정말 자신의 어떤 부분이 죽었다는 듯이 지내기 시작했고 전혀 다른 아이가 돼서 집에서 나오지조차 않았습니다. 아이가 아닌 부모님이 상담을 다니셨습니다. 2년 뒤에 아이를 한 번 보고 군 입대를 앞두고서야 다시 상담을 했습니다. 거의 4년 만에 다시 만난 것이지요.

거의 4년 넘게 단체 생활을 안 해서 본인도 걱정, 부모도 걱정인 상태였고 대학 준비를 하긴 했는데 자신이 없는 상태였습니다. 그래도 열아홉 살, 4년이 지난 뒤 아이는 어떤 부분은 나아졌고 어떤 부분은 아예 사라져 없어져 버렸습니다. 더 진지한 상담이 가능해진 면도 있었습니다. 아이의 마음 안에는 냉소와 비관, 또 현실을 수용하려는 마음도 조금은 있었습니다. 여전히 다른 사람들이 자신을 어떻게 볼까 하는 두려움도 있었고요.

> 뭐든 잘하다가 못하게 된 것이 얼마나 힘들었는지 몰라요. 못하는 채로 그냥 지내도 괜찮다, 그런 말이 진실이라고 생각되지 않았어요. 조금만 노력하면 된다, 그 말은 내가 못났다는 말처럼 느껴졌어요. 1등만 기억하는 세상에서, 1등이 아니라는 것이 정말 버티기 어려웠어요.
> 남들이 알아주지 않는 자리에 있게 되면 얼마나 부끄러워질지, 그래서 학교에 가기 싫었어요.
> 세상은 성공한 사람만 기억하잖아요, 근데 성공하지 않은 사람도 많잖아요. 성공하지 않은 사람은 인간이 아니잖아요!

아이는 상담을 하면서 이런 마음을 털어놓았습니다. 그리고 서서히 회복되고 있었습니다. 자신에 대한 주변의 기대가 아닌 자신만의 목표를 찾기 위해 아이는 한 번 더 자신과 싸워야 했습니다. 그리고 자신을 위하여 살면서도 주변 사람들을 챙기는 것에 관해서도 이야기를 하였습니다.

아이는 군대도 잘 마치고 검정고시 후 자신의 현실적인 성적에 맞추어 대학을 갔습니다. 자신이 원하는 것과 가장 가까운 학과를 택해 그래도 재미있게 대학 생활을 하면서 지내고 있습니다. 이제 상담은 더 필요 없는 상태로 말입니다.

상담을 마치면서 아이가 했던 말은 다음과 같았습니다.

> 예전에 정말 한 번 죽었던 거 같아요. 3~4년이 걸렸어요. 세상에, 부모님이나 선생님들은 정말 잔인해요.
> 내가 천재가 아니라는 것을 알았을 때, 관심과 인정이 사라져 가는 것을 느꼈을 때, 인기 많았던 연예인이 인기를 잃으면서 타락해 간다라는 얘기 들으신 적 있죠? 그 느낌을 받았어요. 그래서 '인기에 연연하지 않겠다!' 하는 데 이만큼 걸린 거예요. 내가 뭘 하고 싶은지 찾는 데, 내 인생을 찾는 데 많은 시간이 걸린 거 같아요.

노력이라는 미덕은
신뢰의 토양에서
자란다

　꾸준히 나아지는 것, 이것은 아름다운 일입니다. 노력의 미덕이지요. 하지만 이 미덕은 칭찬과 격려, 응원, 그리고 함께 견디어 주는 마음, 신뢰라는 토양에서 자라나는 꽃입니다.
　청소년기 때부터 본격적으로 피어나는 노력의 꽃과 열매는 평가 목표와는 다른 마인드셋을 필요로 합니다. 앞에서도 말씀드렸듯이 어려운 과제 앞에서 물러서지 않고 배우는 것 자체를 즐길 줄 아는 '학습 목표'의 마인드셋을 가진 아이들은 이 꽃과 열매를 맺기가 조금 수월합니다.
　힘든 것을 할 줄 알도록 돕는 것, 이런 것은 능력 중심의 마인드셋을 가진 부모나 선생님들, 사회 시스템에서는 생각만큼 쉽지 않습니다. 변화와 가능성에 대한 태도가 자신감을 낳는 데 크게 기여합니다. 중요한 것은 지금 잘하는 것에 대한 자신감이 아니라 지금은 잘 못하지만 노력하면 나아질 것에 대한 자신감입니다. 지금 모르고 못하는 것에 좌절하지 않고 배우고 노력하면 잘할 수 있다는 자신감을 말합니다.

'15세의 위기'는 자신에 대해, 자신의 삶에 대해 다른 방식이 필요하다는 것을 알게 되는 것입니다. 이 길목에서 아이들은 전진하거나 후퇴합니다. 이때 과정과 노력이 필요하다는 것과 배움 자체의 가치와 자신을 극복해 보는 수고에 대해 제대로 이해하지 못하면, 아이들은 일시적이든 장기적이든 후퇴하게 됩니다.

중학교에 오면 많은 것이 바뀝니다. 학교 체제는 더 엄격하고 더 공격적입니다. 그야말로 적응하느냐 못 하느냐에 대한 문제가 제기됩니다. 중학교라는 환경이 요구하는 변화를 민감하게 파악하고 잘 따라감과 동시에 이런 변화에 적응하는 것을 흥미로운 도전으로 받아들이는 아이들과 그러지 않는 아이들 사이에서는 차이가 나타납니다. 노력을 강조하는 관점을 갖고 있는 아이들이 더 적응을 잘하기 마련이지요.

반면 능력을 강조하는 아이들은 조금만 못하거나 혹은 친구들보다 뒤떨어지면 금세 의기소침해집니다. 특히 능력을 강조하는 부모님들 중에는 과잉보호를 하는 경우가 많습니다. 너무 많은 부모님들이 아이들의 수고를 지나치게 덜어 주고 있습니다. 그러면서 아이들의 능력, 아이들의 IQ, 아이들의 머리는 강조합니다. 이렇게 되면 아이들은 힘들여 이루어 내는 성취감을 맛보기가 힘듭니다.

 획일화된 기준 안에서 능력 부족이라는 자신의 운명을 놓고 아이들은 화를 내고 뒷걸음질치고 포기를 선택하기도 합니다. 수포자(수학 포기자), 영포자(영어 포기자)도 있고, 중포(중간고사 포기), 기포(기말고사 포기), 공포(공부 포기), 그리고 최종적으로는 학포(학교 포기)도 있습니다. 아이들에게는 이미 익숙한 용어이지요.

 강연에서 한 어머니가 하신 질문이 생각납니다.

 "잘하던 아이들이 못하게 되는 경우는 종종 있는데, 이럴 때 사실 다그치는 것 외에는 별로 한 것이 없어서 참 반성이 됩니다. 선생님 말씀대로 저도 중학교 다닐 때 성적이 떨어져서 힘들어했거든요. 그때 부모님이나 선생님이 실망했다고 하신 따끔한 훈계가 저에게는 도움이 되었는데, 요즘 아이들에겐 이 방법이 참 안 통합니다. 오히려 자기들이 성을 내고 말도 못 붙이게 하지요. 이런 것이 시대의 차이일까요? 아이들에게 혼내기보다는 격려하라고 하셨는데 어떻게 하라는 건가요? 못했는데도 잘하고 있다고 하라는 건지요? 전 격려한다는 게 뭔지 모르겠어요."

 이 어머니의 질문은 정말 좋은 질문이었습니다. '시대의 차이'라는 것과 '혼내는 것이 아니라 격려가 필요하다'는 이해와 실천을 모두 짚어 낸 질문이었으니까요. 저는 다음과 같이 긴 답을 드렸습니다.

우리가 살던 시대와 우리 자녀들이 사는 시대 간에는 커다란 차이가 존재합니다. 우리는 어려운 시대에 배울 수 있게 해 주시는 부모님에 대해 감사하며 살았습니다. 하지만 우리 아이들은 너무나 많은 것들을 배우도록 강요받고, 배울 기회도 너무 많은 시대를 살고 있습니다. 부모님이 주신 학업의 기회에 감사할 환경은 아닙니다. 아울러 우리 세대의 학업 동기가 빈곤의 탈출이거나 계층 이동이었다면, 지금 아이들에게는 그런 종류의 동기가 없습니다. 상당수 중산층 아이들에게는 자기실현이 중요한 동기입니다. 자신에게 재미있느냐 의미 있느냐가 동기가 되는 것입니다.

빈곤 탈출이나 계층 이동을 꿈꾸던 부모 세대에게는 목표를 이루기 위한 인내심이 중요한 덕목일 수 있었지만 자기실현과 재미있고 행복한 인생이 목표인 지금 세대에게는 흥미·의미가 중요한 가치가 됩니다. 흥미나 의미를 발견할 수 있게 돕지 않으면서 인내심을 발휘하라고 하면 동기 부여가 안 되는 것이지요. 한마디로 말로는 사랑한다고 하면서 고통스러운 과업을 부과하는 부모가 이해되지 않는 것입니다.

그러므로 자녀를 이해하는 것은 시대를 이해하는 것이기도 합니다. 부모 세대가 사춘기를 겪던 시절과 지금 자녀들 세대의 문화는 정말 큰 차이가 있습니다. 아이들의 관점을 이해하려고 노력하지 않으면 세대 간의 소통과 공감이 어려운 상황입니다.

다음으로 격려라고 하는 것은 '해낼 수 있다는 용기를 갖도록 돕는 것'입니다. 또 한편으로는 '자기에 대해 신뢰할 수 있도록 돕는 것'을 말하지요. 칭찬과 격려의 차이점을 명확하게 구분하기는 어렵지만, 칭찬은 때로 누군가와 비교하며 특정한 행동을 유도하기 위해 사용되지만, 격려는 주로 아이들에게 자신감을 갖도록 하는 차이가 있다고 말합니다.

격려의 중요성은 아들러 심리학*을 하는 루돌프 드라이커스나 제인 넬슨 등의 저서**에서 찾아볼 수 있는 데, 저는 이분들의 따뜻한 입장이 아이들에게 큰 도움이 된다고 생각합니다.

---

*   아들러는 프로이트의 제자였으나 프로이트의 본능과 충동에 대한 이론에 거부감을 갖고 본인의 이론을 강조하는 독자적인 심리학파를 구성했다. 열등감, 힘, 성격의 사회적 영향에 대해 더 많은 시사점을 남겼으며 추후 교육 상담, 인본주의 상담, 가족 및 부부 상담에 영향을 줬다.

**   루돌프 드라이커스의 책은 『아들러와 함께하는 행복한 교실 만들기』(학지사), 『민주적인 부모가 된다는 것』(우듬지) 등이 번역되어 있고, 제인 넬슨은 『긍정의 훈육』(프리미엄북스), 『학급긍정훈육법』(에듀니티), 『현명한 부모는 넘치게 사랑하고 부족하게 키운다』(더블북) 등이 소개돼 있다.

> 사춘기 자녀를 이해하는 실전 심리학③
> ## 진로를 못 정하는 아이들을 도와줄 수 있는 방법

1. 재능과 효능감

재능은 발견하고 키워 주는 것이고, 효능감은 노력과 과정을 칭찬하고 성공 경험이 쌓이면서 더 강화됩니다. 따라서 아이의 재능이나 노력을 칭찬하고 격려하는 것은 아주 중요합니다. 내적으로, 외적으로 하겠다는 마음이 생기는 것은 자신이 스스로 느끼는 효능감에 이런 관심과 칭찬, 격려와 응원이 보태질 때 더욱 커지기 마련입니다.

2. 성공 경험

작은 과제에서도 인간은 누구나 성공하기 위한 노력을 합니다. 성공할 수 있도록 돕는 것이 중요하고, 어려워하면 단계를 낮추어 주고, 도전에 따라 목표를 조절해 주는 것이 중요합니다.

작은 성공의 경험은 큰 성공에 대한 도전 의식을 길러 줍니다. 성공 경험은 성공 비결에 대한 태도와 지식을 갖게 합니다. 그러므로 성공 자체를 경험하도록 하는 것이 중요합니다.

3. 흥미와 진로

흥미와 진로를 찾을 때는 다음 3단계를 참고하세요.

① 문과, 이과, 예체능 분야에서 관심 분야 고르기
  - 문과 : 어학, 법학, 인문 사회학, 상경 계열 등등
  - 이과 : 의학, 연구, 공학 계열 등등
  - 예체능 : 음악, 미술, 체육, 영상, 게임 등등
② 절대 하지 않을 것부터 지우기(나의 적성과 재능에 맞지 않는 것부터 지워 나가기)
③ 자신의 재능이란?
  - 재미있고(지루하지 않고) : 재미
  - 여러 다른 능력보다 제일 낫고 : 효능감
  - 노력을 해서 나아질 수 있다는 생각이 드는 것 : 효율감

스트레스에 대처하는 남학생과 여학생의 차이

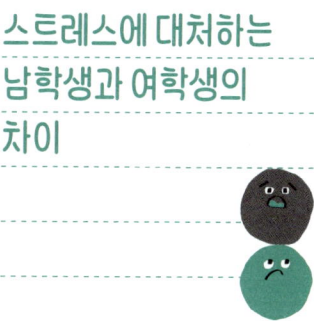

사춘기에 힘든 스트레스를 경험하게 되면 그 대처 양식에 따라 드러나는 행동이 달라집니다. 특히 남학생과 여학생은 그 대처 방식에 있어서 차이가 보입니다.

남학생들은 공부가 힘들어지면 포기하게 되고, 포기한 이후에는 부모와 진정한 자신으로부터 도피하고 싶어 합니다. 이때 최고의 도피처로 발견하는 장소가 게임 공간입니다. 고통스런 생각을 멀리하면서 다른 생각이나 감각에 빠져 있기 위하여 게임은 최적의 시간과 공간이 되고 재미를 줍니다.

적당한 취미로 하던 게임이 급격하게 늘어나는 시기를 우리는 잘 알아채야 합니다. 모두가 그런 것은 아니지만, 상당히 많은 사춘기 남학생들은 게임과 관련된 진로를 고려해서가 아니라 고통을 피하고, 진지한 생각으로부터 달아나기 위한 수단인 경우가 많습니다. 그럴 때 게임을 못하게 하는 것 이상으로 중요한 것은 사춘기 남학생의 좌절과 실패, 어려움을 알아내고 도와주는 일입니다. 게임 세계로 빠져들어 가서 시간을 너무 많이 버리게 되면 악순환이 시작됩니다. 하루 6시간이면 청소년기 6년 중 1년을 모두 게임으로 허비하는 셈입니다. 비참한 퇴행의 결과를 맞게 되죠. 결국 제대로 성장하지 못한 채 어른이 되는 것이지요.

더불어 신체 활동의 부족 혹은 신체 활동에 대한 자신감의 부족도 게임에 더 빠져 있게 하는 요인입니다. 신체 활동을 꾸준히 유지하도록 권장하고 친구들과 함께 팀 경기를 할 수 있도록 격려해 준다면 이것 또한 게임에 눌러 앉는 것을 피할 수 있는 좋은 방법 중 하나입니다.

사춘기에 힘든 스트레스를 경험하는 비율은 여학생들이 남학생들에 비해 더 높습니다. 많은 조사와 통계는 남학생에 비해 여학생들의 우울 비율이 높은 것을 보여 주고 그중에서도 스트레스로 인하여 자해를 하는 학생들의 빈도는 여학생에서 압도적으로 높은 것으로 나타나고 있습니다.

여학생들은 포기하는 대신 자신을 미워합니다. 자신이 부모의 기대도, 친구들의 기대도, 자신의 기대에도 미치지 못하는 부족한 존재라고 생각하며 자신을 혐오하기도 합니다. 여학생들은 상대적으로 더 높은 목표나 성과를 자신에게 요구하고 더 완벽하게 성공해야 한다는 생각을 더 많이 합니다.

상대적으로 여학생들이 더 우울, 불안, 스트레스 등에 민감한 이유는 다음과 같다고 생각합니다.

- 더 많은 생리적 변화
- 더 잘해야 한다는 압박
- 더 완벽해야 한다는 부담
- 부모의 기대에 더 민감한데다 거기에 부응해야 한다는 압박감
- 사회에 여전히 남성과 여성의 차별이 있다는 느낌
- 안전함에 대한 걱정과 불안
- 친구 맺기의 어려움과 친구 관계의 예민함과 폐쇄성

이외에도 몇 가지 요인이 더 있을 수 있지만, 여학생들이 힘들어할 수 있는 요인을 부모님들이 민감하게 파악하고, 이런 스트레스를 이해하고 공감해 주며, 스트레스를 경감하도록 도와주는 분위기가 정말 중요합니다.

아이들 말로 하면 여학생이 더 높은 '텐션'을 받고 살기 때문에 이 텐션을 낮추어 주고 안심시켜 주고 스트레스를 실제로 줄여 주고자 하는 노력이 필요합니다. 단지 '사랑한다'고 말해 주는 것으로는 부족합니다. 옷을 사 준다든지 맛있는 것을 먹

는 것과 같은 단편적인 응원으로도 부족합니다. 마음으로 공감하고 지지해 주고, 현실에서는 스트레스를 낮추어 주는 구체적인 도움이 여학생들에게는 더 도움이 될 수 있습니다.

> 사춘기 자녀 이해를 도와주는 실전 심리학④
>
> # 남학생과 여학생의 차이

남학생 사춘기 이슈	여학생 사춘기 이슈
몽정	월경
개방화	비밀화
집단화, 대집단화	소집단화
활동 집중 : 집안 이야기 안한다	관계 집중 : 신체 및 집안 이야기한다
스포츠, 게임 집착	아이돌 집착
몸, 외모	옷, 외모
부모 내면화 낮다	부모 내면화 높다
포기, 은둔, 무기력	외로움. 우울, 자해
건물을 부순다	관계를 부순다

이런 부모가 되어 주세요

- ✔ 자신감의 원천은 무엇보다 부모님의 믿음 그 자체라는 것을 잊지 말아 주세요.

- ✔ 노력하는 법을 가르쳐 주는 부모가 되어 주세요. 잘하지 못한다고 그만두게 하는 것이 아니라 어떻게 노력해야 하는지를 가르쳐 주세요.

- ✔ 실패를 후벼파기보다 아이들이 성공한 것을 부각해 주세요. 아이의 성공을 발견해 주는 부모가 되어 주세요.

- ✔ 성공보다 '성공의 비결', 실패 그 자체보다 '실패의 교훈'을 물어봐 주는 부모가 자녀에게 힘이 됩니다. 혼내는 것이 능사가 아닙니다.

- ✔ 격려와 칭찬은 의무이지 선택 사항이 아닙니다. 1일 1격려, 1일 1칭찬은 필수 영양분입니다.

- ✔ 부모와 자녀 사이에는 적어도 25~30년의 세월 차이가 있다는 것을 잊지 마세요. 달라도 너무 다른 시대에 태어나 성장하고 살아가고 있다는 것을 잊지 마세요.

3부 ⟶ # 내 몸도, 내 마음도 낯설어요

중학생에게 선물 받은
'명품 야동 50선'

    3부에서는 몸에 관해 이야기를 해 보려고 합니다. 중학생을 이해하는 데 정말 중요한 이야기인데, 우리가 조금은 꺼리던 이야기이기도 합니다. 몸과 성에 관한 이야기는 사실 별로 인기가 없습니다. 성교육처럼 생각하는 분도 있고요. 하지만 몸의 변화는 마음의 변화를 이끄는 원동력이기도 하고 내 자녀에게 큰 변화가 일어났다는 것을 가장 잘 확인시켜 주는, 그래서 우리가 자녀를 대하는 태도부터 시작해서 생각을 바꿀 수 있게 해 주는 중요한 변화입니다.

    혼자 지내는 시간이 많은 맞벌이 가정의 중학생 남자아이가 찾아왔습니다. 아이를 데리고 온 사람은 가까이 사는 친척분이었습니다. 아이는 공부는 하지 않고 컴퓨터만 하며 지내고 있다고 합니다. 덩치가 또래에 비해 훨씬 컸는데 부끄러움을 꽤 타고 소심해 보였습니다. 원래는 얌전한데 무엇엔가 화가 폭발해서 친구에게 심한 욕설과 함께 칼로 위협을 하는 일이 있었답니다. 이 일로 상담을 권유 받아 저를 찾아오게 된 것이지요.

어느 날 상담을 하다가 여자 친구 이야기가 나왔습니다.

"이성 친구는 사귀어 본 적 있니?"

"아니요. 현재까지는 모솔(모태솔로)이에요."

"그렇구나, 관심은 있어?"

"제가 좋아하는 아이는 있는데 뭐, 그 아이는 모를 거예요. 근데 선생님, 선생님은 많이 해 봤지요?"

"뭘?"

"섹스요."

"요즘 그런 쪽에 관심이 많은가 보지?"

"엄청 봤어요. 처음에는 아이들이 얘기하는 것 듣고 인터넷에서 뒤지기 시작했고요. 지금은 뭐, 꽤 봤어요. 선생님, 그거 할 때 체위도 다양하게 있는 거 아시지요? 제가 본 사이트에서는 108가지 체위가 있다고 하던데요."

"그런 사이트를 좀 보나 보네. 그런데 어떻게 그걸 볼 수가 있지?"

"인터넷에서는 아주 쉬워요. 그런 사이트도 있고요. 제가 다운 받은 거 잘 모아 놓았는데, 다음에 좋은 것만 골라서 한 50편 갖다 드릴까요?"

"선생님한테 지금 야동 선물한다는 거야?"
"네, 근데 그게 USB에는 다 들어가려나? 제가 아예 딱 골라 놓은 것들이 있긴 하거든요."
"그렇구나, 친구들하고 돌려 보고 그러는구나. 선생님 때도 그런 일이 있긴 있었지. 근데 그럼 50편 이상의 야한 동영상을 네가 봤다는 거네."
"50편이 뭐예요. 길이는 다양한데 엄청나게 봤지요. 다른 애들도 가끔씩 봐요. 여자애들도 좀 본대요."
"네 나이 애들이 그렇게 많이 보니? 좀 걱정이 되긴 하는데, 혹시 그런 사이트나 SNS 채팅방에 관한 정보는 어디에서 듣는 거니?"
"처음엔 애들한테 물어보았지만 지금은 저도 잘 알아요. 찾기 어렵지도 않고 비싸지도 않아요. 제가 지금 여기서 보여 드릴 수도 있는데, 보여 드릴까요?"
"성에 관심이 많은데, 그런 것에 관해 친구들 말고 또 이야기하는 사람이 있어?"
"미쳤어요? 샘이 이성 친구 관계 물어보니까 이야기하는 거지요."

야동 50선을 선물 받을 기회가 있었는데 거절하고 나서 성교·자위 등에 대한 그 아이의 강의를 듣다시피 하고 면담을 정리했습니다.

아이들은 이미 성생활을 하고 있다

우리나라 청소년들의 평균 첫 성 경험 나이가 몇 살이라고 알고 계신가요? 2018년 교육부·보건복지부가 청소년 6만여 명을 대상으로 조사한 '청소년 건강 행태 조사 통계'에 따르면, 만 13.6세라고 합니다. 깜짝 놀라셨지요? 모두가 그렇다는 것이 아니라 성 경험을 하게 된 경우 그렇다는 것입니다.

우리나라는 평균 성 경험 나이가 갈수록 낮아져 13.6세가 된 데 반해 성 경험 나이가 오히려 올라간 나라도 있습니다. 대표적인 나라가 네덜란드라고 합니다. 네덜란드는 신문에 보도된 바에 의하면, 성 경험 나이가 17세쯤으로 올라갔다고 합니다. 무언가 그 나라의 대처법이 있었겠지요.

또 다른 조사에서는 대한민국 청소년들의 80퍼센트가 인터넷을 통해 음란물을 접해 본 경험이 있고, 초등학생들 중에서도 음란물을 보는 아이들의 비율이 늘고 있는 것으로 나타났습니다. 그러니까 어른들은 모르지만 아이들의 성생활이 생각보다 일찍 시작되고 있는 것입니다. 대충 15세 전후에, 그러니까 사춘기에 접어들면서 아이들은 성에 관한 무엇을 시작하고 있습니다. 성에 관한 생각과 행동을 하고 있는 것이지요. 어른들이 이 부분을 보지 않으려고 하니까 안 보이는 것입니다. 문제가 생기고 나서야 관심을 가지고 걱정을 하지요.

아이들의 이런 성과 관련된 생각과 행동이 시작되는 것은 의지를 가지고 하는 일이 아닙니다. 신체적 변화, 즉 성호르몬의 분비가 추진하는 성장의 결과일 뿐입니다. 아이들은 빠르면 초등학교 5~6학년, 늦으면 중학교 2학년 사이에 서서히, 때로는 갑작스러운 몸의 변화를 느낍니다. 나도 모르게 내 몸이 변화되어 가고 있는 것을 발견하는 것이지요. 특히 중학생이 되면 대부분 2차 성징이 나타납니다. 신체적인 변화가 크게 일어나고 생리적인 변화도 일어납니다. 여학생들은 월경을 하게 되고, 남학생들은 몽정을 경험하며 발기의 의미가 달라집니다. 우리 모두에게 정상적으로 일어난 일이지요.

여기에서 부모님들이 반드시 알아야 할 것이 있습니다. 40~50대 이상의 부모님들이 살았던 시절과 지금 10대들이 사는 시대적 배경이 너무 다르다는 것 말입니다. 기억이 나실지 모르겠지만 지금 40대 이상의 부모님들은 금기의 시대에 살았습니다. 그때는 비키니를 입은 여성 사진만으로도 야하다고 소리를 질러댔었습니다.

하지만 지금은 개방의 시대입니다. 마음만 먹으면 부모 주민 등록 번호와 전화번호를 가지고 무한대의 성인 동영상을 볼 수 있습니다. 그것도 아주 저렴한 가격에 말입니다. 또 한 걸음만 더 내디디면 랜덤 채팅 등 다양한 방식으로 성적으로 유혹하는 어른들과 손쉽게 통화를 할 수도 있습니다. 부모 세대에 비하면 엄청난 양의 성적 자극을 받고 살고 있는 것이지요. 시대가 달라져도 엄청나게 달라진 것입니다.

그렇기 때문에 부모 세대의 금욕과 금기의 문화를 아이들에게 강요한다고 한들 아이들이 받아들이기는 어렵습니다. 부모님 개개인은 달라진 바가 없는지 모르겠지만 사회가 변했고 방송이 변했고 인터넷과 핸드폰이 등장했습니다. 성적 자극을 주는 매체가 점점 늘어나고 접근하기도 훨씬 쉬워졌고, 이런 세태 속에서 아이들의 성 경험은 늘어나고 있습니다.

아이들은 성적인 욕구가 올라오면 자위 혹은 자위와 유사한 행위들을 하게 되고, 이런 행위를 하면서 성적인 공상이나 환상을 갖게 됩니다. 성적인 공상 속에는 대상이 있고 그 대상과 로맨틱한 관계를 꿈꾸는 일이 생기는 것이지요. 이런 공상에 대해서 부모에게 이야기할 수는 없는 일입니다. 또 아주 믿을 만한 친구 이외에는 털어놓을 수도 없는 것이지요.

영국의 정신 분석가 모지스 로퍼Moses Lofer는 이때의 자위 환상이 갖는 중요성에 관해 강조했습니다. 자위와 자위 환상은 누군가에게 말하기 힘든 것이지만, 이 시기 청소년들의 성적 발달 과정에 필수적인 것입니다. 이 과정에서 아이들은 비밀이 생깁니다. 아무리 가까운 부모라 하더라도 말할 수 없는 것이 생긴 것입니다.

제가 이야기고 싶은 것은 '이 빨라진 정상적인 경험을 어떻게 해석하고 잘 정리 정돈할 수 있느냐?' 하는 것입니다. 신체적인 변화는 이미 일어나고 있고 진행 중인 상태이니 '그 변화를 어떻게 다룰 것이냐?' 하는 것이 이슈라는 것입니다.

이 몸의 변화에 대한 경험은 홀로 겪어야만 하는 '내적 세계'를 만듭니다. 몸의 변화를 포함해 새로이 만들어져 가고 있는 내적 세계를 모조리 말하는 아이들은 없습니다. 아이들은 누군가와 대화를 하며 그 경험의 일부를 나누지요. 이럴 때 그 누군가에 해당하는 형제나 친구가 없으면 당황스럽기 그지없습니다. 지금의 아이들에게는 인터넷이 그 대화의 주된 파트너가 되어 주고 있습니다.

더 빨라진 신체 발달, 더 많은 자극, 빈약한 우리의 성 담론 상황. 이것이 아이들이 겪어 내야 하는 현재의 성 담론 현실입니다. 물론 이런 세태 속에서도 성을 여전히 금기의 세계에 두고 금욕하는 아이들도 있습니다.

몸의 변화가 가져온 거실 혁명

2차 성징의 본격적인 발현은 가정 내에서도 금기를 가져옵니다. 이제 가족이지만 신경을 써야 할 것들이 생긴 것입니다. 이제 엄마 젖을 만지고 벌거벗고 지내고 한방에서 자고 하는 것은 끝난 일이지요.

부모 입장에서도 초등학생 때까지 쉽게 했던 예쁘다고 엉덩이를 두드리고 만지는 것, 몸을 쓰다듬는 것, 이런 관계가 끝난 것입니다. 아무리 단출한 세 식구(부모, 아이)라 하더라도 이런 경계가 없다면 사춘기 청소년에게 정도의 차이는 있지만 혼란을 가져다줄 수 있습니다.

성적으로 성숙했다는 것을 단도직입적으로 말하면, 남자아이는 다른 사람을 임신시킬 수 있다는 것, 그리고 여자아이는 임신할 수 있다는 것을 말하는 것입니다. 그 다른 사람 안에는 프로이트가 말하는 근친적 관계, 즉 부모도 포함이 되지요.

그러므로 부모와 자녀 사이에는 어떤 형태의 경계, 금기에 따른 선이 그어져야 합니다. 예전처럼 가까이 지낼 수는 없는 것이지요. 부모와 자녀 모두에게서 큰 상실이 일어나게 됩니다. 아이는 의존하면서 지냈던 부모와 서먹한 면이 생기면서 유아성이 상실되고, 부모는 자녀를 유아처럼 예뻐할 수 있었던, 품 안에서 키울 수 있었던 상황을 상실하게 됩니다.

미국의 정신 분석가 피터 블로스Peter Blos는 유아기에 있었던 첫 번째 분리 개별화* 에 이은 두 번째 분리 개별화가 이때에 일어난다고 했습니다. 유아기에 있었던 오이디푸스 콤플렉스가 다시 재활성화되면서 그 해결 과정으로 가족과의 분리가 일어나기 시작한다는 것입니다. 더 이상 부모에게 의지하거나 부모만을 동일시해서 지낼 수 없다는 압력이 주어짐과 동시에 독립을 추구하기 시작하고, 더불어 다른 이성에 대한 동경, 갈망도 생겨나기 시작하는 것입니다.

부모님들이 이 시기의 상실을 받아들이지 못할 때, 때때로

---

* 마거릿 말러는 아이가 유아기 때 엄마로부터 개체로 분리되는 것을 분리 개별화 separation-individuation라고 했다. 피터 블로스는 청소년이 자신이 속했던 가족으로부터 분리되는 것을 두 번째 분리 개별화라고 했는데, 두 번째 분리 개별화에서는 청소년이 수태 능력을 갖게 되면서 생기는 부모들과의 갈등을 중심으로 엄마와 아빠 사이의 삼각관계 경험을 다시 갖는다고 하였고, 그래서 유아기에 경험했던 오이디푸스 콤플렉스가 재활성화된다고 하였다.

화가 날 수 있습니다. 아이가 컸다는 것을 수용하지 못할 때는 섭섭한 마음을 가지게 됩니다. 부모 입장에서는 '이제 저것이 말도 안 하네', '문은 왜 닫아?' 하는 생각에 섭섭해지고, 자녀 입장에서는 '아직도 날 아기 취급하려 드네', '언제까지 부모 마음대로 하려고 저러지?' 하는 마음에 분노가 일기도 합니다.

    이런 상실에 대해 건강한 부모는 자연스러운 애도 과정을 진행합니다. '얘가 벌써 이렇게 컸구나. 이젠 함부로 하지 말아야지' 하는 마음이지요. 건강한 아이는 "저 혼자 좀 있고 싶어요"라고 말할 수 있게 됩니다. 그리고 부모님들도 적당한 거리 두기를 시작합니다.

    이 거리는 아이들에게는 존중의 거리입니다. 그런데 보내지 못하는 부모는 고집을 피웁니다. 자신이 크던 시절로 타임머신을 타고 돌아가서는 비교를 하고야 맙니다. "예전에 단칸방에서 온 식구가 살았을 때도 있었다", "어디 벌써부터 문 닫고 제 맘대로 하려고 드는 거야?"

    사회가 더 자극적으로 변했기 때문에 아이들이 자신의 성적 충동과 성생활을 다룰 수 있도록 도와주는 사회적 장치가 필요합니다. 아이들 눈높이에 맞춘 다양한 성교육, 이성 교제를 시작한 아이들을 위한 데이트 교육도 필요하고, 또 성적 충동을 해소시킬 수 있는 다양한 신체 활동과 예술 활동이 필요합니다. 아울러 방송이나 인터넷을 다루는 요령과 성 정보에 대한 바람

직한 태도에 관한 지침도 필요합니다.

아이들에게는 더 많은 자극을 주어 놓고 더 많이 참으라고만 하면 불공평하지요. 주변은 온통 성적으로 자극하는 환경을 만들어 놓고 쳐다보면 안 된다고만 하는 것은 정말 곤혹스러운 일이니까요. 사람을 화나게 하는 일이지요.

그런데, 많은 부모님들이 성교육에 관해서는 곤혹스러워 하십니다. 사실 부모님들이 성교육을 한다는 것은 쉽지 않은 일입니다. 아이들이 부모님들과 그런 주제로 이야기하는 것을 불편해 하니까요. 직접적으로 이야기하기보다는 이성 친구가 생겼을 때라든지 좋아하는 이성 연예인 이야기가 나왔을 때, 또 몸에 일어난 변화에 대해 물을 때 자연스럽게 대답을 하면서 안심시켜 주고, 정상적인 일로 받아들이도록 돕는 것이 중요합니다.

그리고 이때 적지 않은 아이들이 연애를 시작하므로 연애에 대한 교육도 매우 중요하다고 생각합니다. 아이들의 연애, 데이트를 막을 수는 없습니다. 좋은 데이트를 하도록 도와야지요.

직접 경험은 줄고, 스크린 타임은 늘었다

　코로나 이후 사춘기 청소년들의 가장 큰 생활 변화는 증가된 스크린 타임이라고 할 수 있습니다. 스크린 타임이란 앱이나 웹 사이트에서 소비하는 시간을 말합니다. 사회적 거리 두기 속에서 원격으로 수업을 하거나 여러 미디어를 통해 서로 연락하면서 우리 아이들의 스크린 타임은 대거 증가했습니다. 적어도 2배 이상 증가했다는 통계가 있습니다.

　넷플릭스 계정을 갖고 계신가요? 손 안의 극장이라고 할 수 있는 넷플릭스를 비롯하여 디즈니, 왓챠, 웨이브, 티빙, 쿠팡 플레이, 애플 TV 등등 이제 채널은 다양해지고 콘텐츠는 훨씬 더 많아졌습니다. '정주행'이라는 용어도 등장했습니다. 이제 심심할 틈 없이 다양한 시리즈물과 영화 등을 인터넷만 되면 어디서든지 볼 수 있게 되었습니다. 이런 다양한 방송의 등장은 청소년들에게 큰 볼거리를 주었습니다.

　최근 동영상 중심의 사용자들이 늘어나면서, 인터넷 사용 패턴이 크게 바뀌었습니다. 그중에서 가장 큰 변화는 검색 채널이 바뀐 것인데, 네이버, 구글 등을 제치고 유튜브가 첫 번째 검색창이 되고 있다고 합니다. 특히 어린 사용자일수록 더 그렇다고 합니다.

　문제는 유튜브는 나이를 가리지 않고 하이라이트를 볼 수 있는 접근성을 갖고 있다는 사실입니다. 예를 들어, 최근에 전 세계적으로 큰 히트를 친 「오징어 게임」 같은 경우, 분명 19금이지만 초등학생들도 모두 스토리와 주요 장면을 보았습니다. 어떻게 가능한가 물었더니, 많은 초등학생들이 유튜브를 통해 보았다고 합니다. 유튜브는 10시간짜리 드라마나 영상물을 1~2시간 혹은 30분 이내로 줄여서 보여 줄 수 있습니다.

　유튜버는 또한 우리 아이들의 가장 흔한 장래 희망 중 하나가 되었습니다. 요즘은 크리에이티브한 유튜버들의 수입부터 활동까지 자세히 소개되고 있는데, 그중에는 연간 수십억 원의 수입을 거둬들이는 인플루언서들도 있습니다. 사춘기 청소년들에게 수억, 수십억 원대의 수입을 벌어들이는 유튜버들은 큰 로망이 되고 있습니다. 많은 부모님들이 과거에는 게임을 조절하도록 돕는 것도 힘들었는데, 유튜브 시청에 대해서 어떻게 조절을 하게 해 줄지 걱정이 크다고 합니다.

코로나가 끝나가는 무렵부터 많은 나라들의 정부는 스크린 타임 줄이기 캠페인을 시작했습니다. 코로나 기간 동안 깊이 의존했던 스크린에서 눈을 돌려 집안일, 지역 사회 활동, 야외 활동에 더 많은 시간을 보내게 하자는 다양한 운동이 일어나고 있습니다.

우선순위를 정해 해야 할 일들을 하고 스크린은 그 이후에 보자는 단순한 캠페인부터, 스크린을 보는 대신 집안일을 할 때마다 용돈을 주는 '홈 알바'라는 용어가 생기기도 하였습니다. 더불어 신체 활동을 더 많이 하고 다양한 박람회, 전시회를 다니는 것이 권장되기도 합니다. 특히 주말마다 가족 캠핑 다녀오기는 스크린 타임을 줄이기 위한 좋은 활동으로 추천이 되고 있습니다.

사춘기 발달 과정에서 직접 부딪히고 해 보고 경험하는 일이 줄어들고, 가상 공간인 스크린에 빠져들 듯이 지내면서 생기는 여러 부작용들이 걱정됩니다. 따라서 스크린 타임을 줄이기 위한 온 가족의 노력이 사춘기 청소년이 있는 가정에서는 특히 중요합니다. 단지 스크린을 많이 봐서의 문제가 아니라 이 시기 해야 할 중요한 일을 하지 않는 것이 가장 본질적인 걱정이 아닌가 합니다.

여러분들 가정에서는 스크린 타임 줄이기를 어떻게 하고 계신가요?

> 사춘기 자녀 이해를 도와주는 실전 심리학⑤
>
> # 스마트폰 사용 줄이기를 돕는 기본 원칙

현대 사회에서 가장 중요한 능력은 일상력(루틴)을 유지하는 것이라고 생각합니다. 루틴을 지키고 하면 취미와 여가 활동이 되고, 루틴이 없이 하게 되면 남용, 중독이라고 취급됩니다. 스마트폰의 적절한 사용을 위해 자녀들과 먼저 다음 사항부터 실천해 보세요.

- 해야 할 일 다이어리 쓰기, 과제 다 해 놓기, 부모와 상의해 스마트폰 사용 시간을 정하고 부모의 모니터링 하에 이용하기

스마트폰을 사 주기 이전부터 가족회의를 통해 스마트폰 사용 규칙을 정하는 것이 필요합니다.

- 스마트폰 끄는 시간 정하기(야간에 사용하는 시간 제한하기), 스마트폰 요금제 잘 정하기, 스마트폰 결제 상황 점검하기, 스마트폰을 침대에 가지고 들어가지 않기

물론 이런 가족회의에 아버지가 필수로 참여해야겠지요. 그리고 부모님들도 솔선수범해야겠지요.

"30명 교실이 3명 사는 우리 집보다 좁아요!"

사춘기에는 성적 충동뿐 아니라 부쩍부쩍 크는 자신의 몸에 대한 조절과 적응도 매우 큰일입니다.

산만하고 부산하다는 이유로 상담을 받으러 온 아이가 있었습니다. 이 아이가 다니는 학교는 인기 있는 중학교라 학급별 학생 수가 30명이 넘는 반들이 많다고 합니다. 이 아이는 교실에서 큰 소리로 말하고 책걸상에 부딪히고 산만하다고 자주 혼이 난다고 합니다. 이 아이가 저에게 항변한 이야기는 다음과 같습니다.

> 선생님, 제가 산만한 것이 아니라 교실이 좁아요. 우리 집은 24평이고 세 식구 사는데, 우리 반 교실에는 36명이 있어요. 근데 20평이 뭐예요? 그래도 30평은 돼야죠.

좁은 교실에 빼곡하게 책걸상 붙여 놓고 "움직이지 마라!", "뛰지 마라!" 이런 게 말이 돼요?

그리고 좁은 데서 사람이 많으니까 한 사람만 얘기해도 당연히 웅성대고, 또 말하다 보면 시끄러우니까 큰 소리로 말하게 되고 그런 거라고요.

우리는 다 덩치가 커졌다고요. 키 170센티미터인 아이들이 반쯤 될 거예요. 그런데 책걸상은 작고 답답해요. 내가 과격하게 움직여서가 아니라 그냥 움직이는데도 자꾸 부딪히고 걸리고 그러는 거예요. 이게 내 책임만 있는 거예요?

그리고 학교에 무슨 휴게실이라도 있나요? 어른들은 몇 명 안 모이는데도 휴게실이다 뭐다 다 있고, 우리는 거의 몇백 명이 있는데 그런 것도 하나 없잖아요.

쉴 데도 없다고요. 운동장에도 나가지 말라고 하고. 그러면 교실 아니면 복도인데. 제가 좀 돌아다니면 나만 자꾸 산만하다고 그래요. 짜증나요!"

아이의 항변을 듣고 보니 아이가 억울하다고 생각할 수도 있겠다 싶습니다. 예전에는 그렇지 않았지만 지금은 교실이 아이들이 머무는 집보다 작은 경우가 많습니다. 아이들 몸은 커졌는데 작은 공간에서 힘들 수 있지요. 또 교실에 잠깐 있는 것이 아니라 적어도 중학생이면 하루에 6시간에서 8시간 이상을 머무니까요. 설마 그런 교실에서 우리는 70명도 조용히 잘 살았다, 그렇게 반론하실 것은 아니지요?

아이들은 변화된 몸에 대해 여러 가지로 적응하려 애쓰는데, 정작 어른들은 아이들에게 새로이 변화된 몸에 적응할 기회를 주지 않습니다. 교실에 오랫동안 앉혀 놓고 하루 종일 책상 주변만 맴돌게 하고 있습니다. 부모님들 중에는 몸 쓰는 데 들이는 시간을 머리 쓰는 데 들이는 시간에 비해 아까워하는 분들도 있습니다. 그런 부모의 아이들일수록 몸 쓰는 것을 싫어해서 자신의 몸을 쓰는 대신 게임 아바타의 몸을 쓰고 몸이 아니라 손가락만 쓰고, 그러다 정작 자신의 몸 쓰임에 대한 자신감을 잃게 되어 수줍어하거나 부끄러움이 많은 아이가 됩니다.

새 슈트에 적응 중인 '사춘기 아이언맨들'

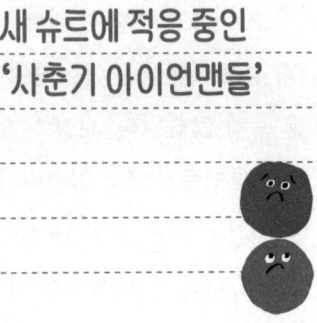

　아이들은 갑자기 커진 몸이 부담스럽다가 서서히 적응을 해 갑니다. 자기 신체의 이미지, 근육 조절부터 충동 조절까지 자기 몸에 대한 조절을 하는 과정에서 아이들의 자신감은 더 높아질 수 있습니다.
　여학생들은 월경, 남학생들은 몽정이 매우 중요한 변화이자 잘 조절해야 할 과제입니다. 여학생들은 월경을 주기적으로 위생적으로 잘 관리하고, 남학생들은 몽정으로 시작된 성적 욕망과 긴장을 자위 혹은 유사 자위행위 등으로 조절해 가면서 변화된 몸과 마음에 대해 적응해 가야 합니다.
　이런 몸에 대한 적응이 집중적으로 일어나는 과정이 바로 빠르면 12~13세부터 15세까지이고, 15세면 상당히 적응력이 높아져 자신감이 높아지는 아이들이 나타나기 시작합니다. 마치 아이언맨이 몸에 장착된 장비들에 적응이 안 돼서 엉뚱한 데로 튀고 넘어지고 날아다니다가 익숙해져 몸과 하나가 되는 과정과 비슷할 것입니다.

농구를 하거나 축구를 할 때도 달라지지요. 키가 커지면서 아이의 슛하는 동작이 달라지고 공을 차는 세기도 달라집니다. 농구를 하는 아이는 아버지의 골밑슛 때문에 지곤 했는데, 이제 키가 크니까 골밑슛에서도 밀리지 않아 아버지를 이길 수 있게 되었다는 기쁨을 맛보기 시작합니다. 이런 것이 단적인 예입니다.

성장은 이전에 하지 못하던 것을 하게 되는 기쁨을 줍니다. 초등학생 때는 탈 수 없었던 놀이 기구도 다 탈 수 있고, 위험해서 하지 못했던 것들에 대한 연령 금지도 모두 풀리게 됩니다. 어른들도 새 차, 새 전자 기기를 가지게 되었을 때 정말 신나면서 한편으로 기능을 시험해 보고 싶잖아요? 아직 그 조작이 서투르긴 하지만 말입니다.

자신의 몸에 대한 적응이 프로이트가 말했던 신체 자아(Body Ego)에 대한 적응입니다. 이 신체 자아의 안정이 이 시기 중요한 과제 중 하나입니다. 사춘기 시기의 아이들이 교실에서도 겁 없이 몸을 날리고 던지고 그야말로 몸이 근질근질해 하는 모습들은 바로 이 몸에 대한 정복을 위해 거쳐 가는 과정 중 하나라고 볼 수 있습니다.

너무 큰 것도 고민이고 너무 작은 것도 고민이고, 너무 강한 것도 고민이고 너무 약한 것도 고민인 시기입니다. 또래 관계도 이 신체적 성장에 영향을 받습니다. 큰 애들은 큰 애들끼리 어울리고, 강한 애들은 강한 애들끼리 어울리기도 합니다.

신체적 발달 과정에서 너무 왜소하다든지 비대하다든지 하면 본인도 좀 위축되는데, 이에 대한 주변 반응이 불쾌하거나 공격적이면 아이들은 자신감을 크게 잃습니다. 아마 일부 부모님들은 키가 크지 않을까 봐 걱정하시고 일부 부모님들은 아이가 비만인 것이 걱정일 수도 있는데, 이런 걱정은 아이들도 마찬가지입니다. 부모님들은 아이들이 자신의 신체적 성장을 환영하고 조절을 잘하도록 권면하고, 부끄러워하지 않도록 도움을 주셔야 합니다.

내 몸에 대한 호감, 자신감의 근원

아이들이 제일 듣기 싫어하는 말 중의 하나가 "몸집은 부모보다 커가지고 하는 짓은 애들 같다"라는 말입니다. 이 말은 행동을 잘 조절하라는 말처럼 들릴 수도 있지만 커진 것을 부끄러워하게 만들 수도 있고, 심리적으로 미숙한 것을 구박하는 것으로 들릴 수도 있습니다. 적어도 이 말을 듣는 아이들에게는요.

자신의 몸에 대한 호감, 이것은 근원적인 자신감 중 하나임을 다시 한번 강조하고 싶습니다. 몸에 대한 호감을 갖지 못한 데서 오는 질환 중 하나가 다이어트 장애입니다. 어떤 아이들은 날씬한 몸을 만들고 싶어 끼니를 거릅니다.

반면에 많이 먹고 덜 움직이고 그러다가 비만이 되는 아이들도 있습니다. 비만이 되면 성조숙증 같은 질환이 나타납니다. 과거에는 미미했는데 최근 들어 급증한 아동·청소년 질환 중

하나가 성조숙증입니다. 2차 성징의 급격한 발달로 인해 나이에 비해 성적으로 조숙한 신체 상태가 되면서 신체적 발달과 심리적 적응에 어려움이 생기는 경우입니다.

외모에 대한 고민도 이 시기부터 커져만 갑니다. 우리나라 국민들이 세계에서 가장 많은 성형 시술을 받고 있다는 것은 이미 잘 알고 계실 것입니다. 자기가 싫어지는 이유 중 하나가 외모, 신체 때문이고, 자신의 외모를 받아들이지 못해 아이들은 자신의 외모, 몸과 싸우면서 시간을 허비하는 경우가 많지요.

사춘기에는 몸에 대한 적응을 돕는 환경이 적절하게 제공되어야 합니다. 즉, 부모와의 환경적 분리 및 독립, 적절한 교육, 몸의 욕망을 다루거나 승화할 수 있는 활동이 제공되어야 합니다. 이런 것이 제공되지 않을 때 아이들은 자신감이 떨어집니다.

신체적 자신감으로부터 비롯된 심리적 자신감이 부족할 때, 아이들은 심리적으로 취약해집니다. 특히 또래들 사이에서 신체적, 심리적 자신감이 부족하면 청소년기 어느 시기든 터질 수 있는 시한폭탄을 안고 가는 것이 됩니다. 청소년 정신 분석가인 로퍼는 이런 현상을 '발달적 붕괴 Developmental Breakdown'와 연관시켰지요. 즉, 초기 청소년기의 신체적, 심리적 부적응은 언젠가 붕괴될 위험성을 안고 가는 것이라고 했습니다.

과거에 비해 엄청난 자극과 정보가 주어짐에도 불구하고 아이들의 긴장을 해소할 수 있는 교육과 배려, 이해가 없기 때문에 아이들은 마치 고장 난 아이언맨, 이상해진 배트맨, 통제가 안 되는 스파이더맨처럼 집에서 교실에서 엉뚱한 배드 히어로 bad hero, 슈퍼 배드super bad가 되어 가면서 공포의 사춘기로 비치게 되는 것입니다.

 강연회에 가면 가끔 어머니들이 아이들한테 어떤 운동을 시키면 좋으냐고 물어보시기도 합니다. 사춘기는 사실 운동이 본격적으로 필요한 시기이지요. 서양 영화를 보면 중고등학교 학생들이 운동을 참 열심히 합니다. 보드도 타고 자전거, 야구, 농구, 등산, 수영, 캠핑 등등 많이 합니다. 우리나라와는 다른 현실이지요.

 무슨 운동이든 아이들이 좋아하는 운동을 하는 것이 제일 좋습니다. 구기 운동을 못하는 아이들은 등산이나 수영이 좋다고 생각합니다. 운동은 아이들을 정화해 주는 효과가 있습니다. 스트레스도 날려 주고 신체 성숙도 돕고 또 운동을 같이 하면서 느끼는 협동심, 친밀함은 관계를 맺는 능력을 향상시켜 줍니다.

 한 아이가 스트레스에 정말 절어 있었는데 스쿼시를 시작한 뒤로 기분이 조절된다고 하더라고요. 벽을 향해 공을 세게 칠 때마다 속이 후련해지는 느낌을 받는다더군요. 그날 스트레스를 주었던 인간들을 한 대씩 친다, 이런 기분으로 친다고 해요. 그러니까 그것만으로도 스트레스 끝이라고 하더라고요.

금지하면 더 하고 싶고, 이해하면 조절한다

"우리 애가 중학교 올라가서 엄청 바빠졌는데 그게 다 연애, 화장, 아이돌 문제들이에요. 적당하게 관심 가지면 누가 뭐라 하나요. 아주 아이돌과 같이 살다시피 해요. 미치겠어요."

아마 여중생의 문화에서 아이돌 문화는 대리 만족이라는 경험을 하는 데 큰 역할을 하는 것 같습니다. 어찌 보면 중간 다리이지요. 아이들이 심리적으로 부모를 떠나기 시작할 때 징검다리가 되어 주는 역할을 할 대상이 필요한데, 아이돌이 그 역할을 하는 것이지요. 정도가 심하지 않다면 어느 정도씩은 괜찮습니다.

제가 여기서 말하고 싶은 것은 '금지! 금지! 금지!'로 반응하면, 아이들과 좋은 관계를 가지기 어렵다는 것입니다. 마음을 알아주어야지요. 예뻐지고 싶은 마음, 허전한 마음을 달래고 싶은 마음, 이상형을 갖고 싶어 하는 마음이 있다는 것을 알아주어야 합니다.

마음을 알아주고 적당한 선에서 조절하기를 바란다는 마음을 표현하면, 대부분의 아이들은 사실 잘할 수 있습니다. 마음은 알아주지 않고 금지만 남발하는 부모에 대한 미움이 사실 더 큰 문제를 야기하지요.

설마 아이돌에게 내 자녀를 빼앗겼다고 심각하게 질투하는 것은 아니시지요? 대개 마음의 여유가 있는 부모님들은 아이돌을 좋아하는 자녀에게 '○○○이 네 이상형이냐? 그렇게 좋으냐?'라고 하면서 '나 때는 누가 인기였는데, 참 그것도 한때더라'고 가볍게 이야기합니다. 이 정도면 충분합니다. '아이돌이 너한테 밥을 먹여주느냐? 하라는 공부는 안 하고 부모가 힘들게 번 돈을 그런 데다 쓰느냐?' 등등 시리즈로 나가면, 아이는 마음을 닫게 됩니다. 대화가 안 된다는 느낌을 주는 부모가 되는 거지요.

금지가 과잉을 만듭니다. 그리고 이해가 조절을 만듭니다. 참 역설적이지요. 힘으로 억압하고 금지하려 들면 아이들은 더 하고 싶다는 마음이 들지요. 이해하고 신뢰를 보여 주면 조절하려고 애씁니다. 그런데 왜 많은 부모들이 금지를 택할까요?

그것은 불안해서겠지요. 아이가 조절하지 못할까 봐, 아이가 빠져들까 봐, 아이를 잃을까 봐 말입니다. 이렇게 자신을 격정하는 부모를 보면서 아이들은 불안해집니다. 아이들에게 신뢰를 주는 것이 신뢰를 주는 행동을 하도록 만드는 길이기도 합니다. 부모가 별로 불안해하지 않으면 되는 거지요. 속으로는 조금 불안해도 참아야 하는 거지요.

저는 이것이 사춘기 자녀와의 갈등의 본질 중 한 단면이라고 생각해요. '금지냐, 이해냐' 하는 것 말입니다. 이것은 자녀의 입장에서 보면 '불안이냐 신뢰냐', '독재냐 민주냐', '식민지냐 독립이냐', '불신이냐 인정이냐'와 같은 말입니다.

금지가 많을수록 사춘기 갈등이라 부르는 현상이 심해지겠지요. 금지된 것을 성취하기 위해 아이들은 민주화 운동, 독립운동, 인정 운동을 펼칩니다. 사춘기 때 어느 정도의 갈등은 불가피하겠지만, 이게 서로에게 너무 많은 상처를 주어서는 안 된다고 생각합니다. 그리고 저는 심각한 갈등의 밑바탕에는 외로워지는 것에 대한 두려움이 모두에게 있다고 생각합니다.

부모는 아이들이 독립한 후의 외로움에 대해 걱정하는 것이고, 아이는 독립해도 외롭고 독립하지 못해도 외롭습니다. 독립하면 부모가 채워 주던 것이 없어져서 외롭고, 독립하지 못하면 또래가 없어서 외로워지는 것인데, 그래도 독립을 향해 가는 것이 아이들에게는 더 중요한 일입니다. 그래서 정신과 의사 위니콧은 "어떤 의미에서 무기력한 의존보다는 차라리 반사회적 행동이 더 건강한 신호일 수도 있다"고 말한 것입니다.

성교육은 어떻게 하면 좋을까?

　성교육 참 어렵지요. 특히 부모가 자녀에게 성교육을 하는 것은 우리나라 정서상 쉬운 일은 아닙니다. 부모님들 자체가 성교육을 제대로 받아 본 적이 없으시기도 하고요. 여기서는 간단하게 2차 성징이 출현하기 시작한 10대들을 위해 부모님이 할 수 있는 좋은 반응 다섯 가지를 이야기해 보겠습니다.

　첫째, 미리 얘기해 주고 안심시켜 주세요. "월경 또는 몽정이 있을 수 있다. 그것은 몸에서 일어나는 자연스러운 반응이고, 네가 컸다는 신호다. 그러니 염려할 필요 없다"라고 이야기해 주는 것이지요.

　둘째, 축하해 주세요. 요즘은 10대들의 단체나 여성 단체에서 월경 파티를 한다고 합니다. 남자아이들에게는 이런 게 없지만 남자아이들에게도 축하가 필요합니다. '이제는 컸구나' 하는 것에 대해서 말입니다.

　셋째, 좋아하는 대상이 생길 수 있으니 데이트 자체에 대해 교육하고 이성과의 사랑에 대해 이야기를 나누는 것이 중요합니다. 사춘기가 되면 이성에 대한 관심이 생길 수 있음을 받아들이고, 좋은 아이와 좋은 방식으로 교제하는 것에 대해 이야기를 나누어야 합니다.

　넷째, 몸에 대한 자존감은 인격에 대한 자존감이라고 말해 주어야 합니다. 다시 말해, 자신의 몸을 아낄 줄 알아야 한다는 것, 신중하고 사려 깊게 행동하는 것의 중요성에 대해 말해 주어야 합니다.

　다섯째, 음란물이나 여러 건전하지 않은 성적 유혹이 있다는 것도 말해 주어야 합니다. 성적인 충동을 상업화하거나 불법적인 성적 행위를 자극하는 유혹들이 있을 수 있다고 얘기해 주어야 합니다. 성은 우리에게 매우 중요한 인생의 한 부분이지만 그것을 다르게 사용하고자 하는 동기를 갖고 있는 사람들이 주변에 있다는 것을 가르쳐 주어야 합니다.

마음을 몸으로 표시하기
_자해, 타투, 피어싱의 심리

사춘기에 들어서면 아이들이 자신의 소중한 몸에 여러 시도를 하기도 합니다. 자해, 문신, 피어싱은 사춘기 이후 크게 늘어나는 청소년들의 상징적 하위 문화 중 하나입니다.

왜 몸에다 이런 행위를 하는 것일까요?

어떤 학자는 자해의 이유만 해도 13가지가 넘는다고 말하지만, 본질은 현실에서의 불안과 이를 해소하는 과정에서 사람과 해결하고자 하는 의지가 여러 이유로 사라지기 때문입니다. 한마디로 누군가와 말로 의사소통을 해서 해소되지 않을 불안을 처리하는 방식이자, 자신이 유일하게 통제할 수 있는 것은 자신의 몸이라는 인식, 그리고 눈에 보이는 곳에 있는 어떤 표시를 통해 안정을 느끼고 싶은 욕망 등이 이런 행위를 증가시킨다고 볼 수 있습니다. 실제로 자해의 원인을 분석하다 보면 감정

조절의 어려움, 외로움, 그리고 인간관계로부터 위로받는 것에 대한 낙심 등이 서로 연결되어 있다는 것을 알게 됩니다. 그리고 공통적으로는 자신에 대한 부정이나 혐오, 깊은 불신이 있습니다.

제가 상담했던 여러 학생들 중 타투에 대한 심리는 크게 3가지로 나타났습니다.

첫째는 타투를 함으로써 내 몸에 무언가를 간직한다는 느낌, 나만의 주문을 내 몸에 새김으로써 무언가 지켜 줄 것 같은 마음 등으로 안심이 된다고 합니다.

둘째는 혼자 하는 경우도 있고 친구들과 같이 하는 경우도 있는데, 친구들과의 우정, 소속감으로 함께하면 덜 외롭고 함께한다는 느낌을 가질 수 있다고 합니다.

끝으로 타투의 내용이나 타투의 방식에 따라 어떤 힘이 생길 수 있다는 기대와 타투가 어떤 것으로부터 자신을 보호해 주는 역할을 해 줄 것을 기원하면서 한다고 합니다.

혼자 하는 경우도 있었지만 타투, 피어싱, 심지어는 자해도 함께하는 경우가 적지 않습니다. 타투나 피어싱은 친구들간의 관계를 규정하는 방식, 즉 서로 한 패밀리라는 것 혹은 서로 어떤 생각을 공유하고 있다는 것 등을 강렬하게 나타내기 위해 하기도 합니다. 자해, 타투, 피어싱 등의 행위는 사춘기 이후 급격히 증가했다가 20대 초중반 이후부터는 서서히 줄어듭니다.

자녀가 만일 자해, 타투, 피어싱에 대한 관심이나 욕구가 생겨났다고 하면, 부모님들은 생각해 봐야 합니다.

첫째, 개인의 불안, 두려움, 스트레스가 심리적으로 커진 것은 아닌지. 둘째, 이런 심리적 어려움에 대해 사람들과 대화를 통해 해결하는 것에 대해 지치거나, 실망했거나, 불편해졌는지. 셋째, 새로운 친구 그룹과 어울리면서 동조하거나 그룹 성원이 되기를 바라는, 혹은 그런 압력 속에 있는 것은 아닌지. 넷째, 본인이 그런 행위를 통해서라도 사람들에게 자신의 상태를 알리고 싶은 것은 아닌지를 이해해 주는 것이 필요합니다.

그래서 아이가 대화를 통하여 무언가 이해받고, 소통이 가능하며, 또 그런 대화와 소통의 과정을 거쳐 좋은 변화와 속 시원한 후련함을 느낄 수 있음을 경험하게 하는 것이 중요합니다. 결국 이해하고 소통 가능한 것들이 많아질수록 특별한 행위는 줄어듭니다.

물론 자해를 제외하고 타투나 피어싱은 현재 충분히 연구되어 있지는 않습니다. 상대적으로 우울이나 자살 등의 정신 병리와 덜 연관되어 있기도 합니다. 타투나 피어싱은 청소년기부터 청년기까지의 개성이나 집단 소속감 혹은 심리적 소망을 표현하는 문화로 더 이해되기도 한다는 것을 알아 두셨으면 합니다.

이런 부모가 되어 주세요

- ✔ 몸의 변화로 인해 아이들이 불안하지 않게 해 주세요. 몸의 성장도 하나의 성취라고 말해 주세요. 즉, 크고 있다는 것을 기쁘게 느낄 수 있도록 해 주세요.

- ✔ 아이들에게 필요한 것은 사생활의 존중입니다. 노크를 해 주세요.

- ✔ 야동을 보거나 자극적인 영상을 보고 있는 것을 발견하면 너무 걱정하지 마시고, 적당히 하라고 넌지시 말해 주세요. 금지보다 아이의 통제력을 믿겠다고 말해 주세요.

- ✔ 자녀의 신체적 단점을 반복, 강조하는 것은 자녀를 파괴시키는 것입니다. 자신의 몸에 대해 걱정하도록 만들면 안됩니다.

- ✔ 사춘기 신체적 혼란을 극복하는 두 가지 승화된 활동은 운동과 예술입니다. 이것이 가장 중요한 가정 환경의 요소입니다.

- ✔ 자녀와 함께하는 운동 한 종목은 있어야 합니다. 자녀와 운동하는 날을 꼭 만들어 주세요.

4부 ⟶ # 개똥 철학자의 탄생

'법대로' 아빠와 '정확하게' 엄마 사이 '내 맘대로' 아들

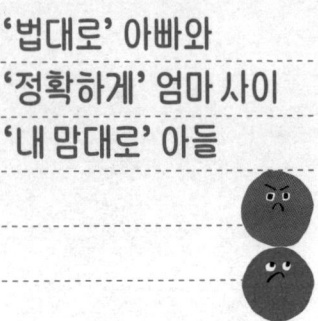

사춘기는 자의식이 본격적으로 생기기 시작하는 때입니다. 이 시기에 아이들은 인생에 대한 자신의 방식을 찾기 위해 노력합니다. 그러면서 여러 가지 저항과 반항, 불복종의 이슈가 발생하기도 하고요. 이 과정에서 가족에게 받아들여지는 경험을 하는 아이는 행복한 아이입니다. 상담실에서는 이 과정에서 파국적 상황을 맞이한 경우를 종종 만납니다.

중학교 2학년 말, 가출 쉼터로 가출한 남자아이가 본인이 직접 가족 치료를 주창하고 나선 사례가 있었습니다. 아이의 아버지는 법조계 인사였고, 어머니는 고등학교 수학 선생님이었습니다. 두 분은 모두 생활이 바르고 엄격하고 검소하신, 사회적으로는 아주 좋은 분들이었습니다. 문제는 직업적 특성이 그대로 가정 안에 반영이 된다는 것이었습니다. 아버지는 술 담배를 하지 않을뿐더러 칼퇴근을 하면서, 교회에서 권사라는 직무를 맡고 있는 바른 생활맨이었습니다. 어머니는 깔끔한 것을 좋아하고 정리 정돈을 아주 잘하며 매사가 정확한 분이었습니다. 그래서 '법대로' 아버지이고 '정확하게' 어머니였는데 안타깝게도 아들은 그렇지 않았습니다.

부모님들의 기대대로라면 '법대로+정확하게' 아들이어야 하는데 아이는 초등학교 시절부터 도둑질, 거짓말, PC방 출입(이 집에서는 PC방도 금지였다고 합니다) 등 부모를 실망시키는 일만 저질렀다고 합니다. 그러더니 중학교 2학년 때부터는 외박과 가출을 시작했고, 주변에 자신의 부모랑은 숨 막혀서 못 살겠다고 이야기하고 돌아다니기 시작했답니다.

> ❝ 우리 집은 금지투성이예요. 하다못해 껌도 안 되고 청량음료도 안 되고 너무 많이 먹는 것도 안 되고 게임도 안 되고 시끄럽게 이야기하는 것도 안 돼요. 인간이 사는 집이 아니라 수도사나 승려가 사는 집이에요.
> 제가 하고 싶다고 하는 것은 다 안 된다고 해요. 아주 지겨워요. 자기들이 무슨 지구상의 천사나 되는 것처럼 군다고요.
> 맨날 혼내고 차갑게 대하고 다 안 된다 하고 핸드폰도 안 바꿔줘요. 애들은 스마트폰 다 가지고 있는데 저만 2G폰이에요. 정말 전 아무것도 할 수가 없다고요. ❞

아이는 욕구 불만으로 가득 차서 자신이 무슨 학대라도 받는 양 이야기했고, 부모님은 자신의 아들이 함부로 이야기하고 있는 것 때문에 저에게 미안해 하는 태도로 일관했습니다.

"이해가 되지 않아요, 우리는 어렸을 때부터 정말 가르친다고 가르쳤는데 말입니다. 이제는 컸다고 통제가 되지를 않네요. 정말 송구스럽고 죄송합니다."

아버지가 말했고, 이어서 어머니가 말했습니다.

"어렸을 때부터 정말 할 것은 다 해 주었는데, 왜 저런지 알 수가 없네요. 너무 창피해요."

아이는 기가 차다는 듯이 말했습니다.

"다 해 주긴 뭘 다 해 줘? 나처럼 마음대로 하지 못하고 사는 애들이 어디 있어? 크면 달라지겠지 했는데 달라지는 것도 없고 하지 말라는 것만 더 늘어나잖아! 맨날 '걱정이다, 한심하다, 왜 제대로 못하느냐' 이런 말만 하잖아! 그러니까 요즘 이렇게 사는 사람이 어디 있느냐고. 나도 이제 내가 하고 싶은 걸 그냥 하고 살고 싶단 말이야!"

첫 만남에서는 이런 평행선을 긋는 이야기들이 반복되었습니다. 두 번째, 세 번째 만남을 통해 함께 살려면 필요한 양보와 타협, 조정을 하기 시작했습니다. 아이보다 부모님이 훨씬 힘든 시간이었습니다.

시간이 지나면서 이 가정에 무엇이 결핍되어 있는지 서서히 드러나기 시작했습니다. 아이는 애정으로 자라지 규칙으로 자라지 않는다는 것, 아이의 욕구를 적절하고 민감하게 받아 주어야 한다는 것, 금기에 의해 도덕성이 육성되지 않는다는 것, 아이가 지킬 수 있는 약속을 해야지 부모님이 지키기를 원하는 약속을 적용해서는 안 된다는 것, 커갈수록 자율성을 더 주어야지 통제가 더 커지면 안 된다는 것, 그리고 지금 이 아들이 내 아들이지 부모님의 마음속에 있는 착하디 착하고 순종적인 아들이 내 아들이 아니라는 것을 여러 번 확인했습니다.

아이는 조금씩 부드러워졌고 약속을 지키려고 노력했습니다. 아이를 잃고 싶지 않았던 부모님도 노력했습니다. 중학교 2학년 남자아이 특유의 과격한 말투도 가라앉기 시작했습니다. 부모님의 어색함도 줄어들면서 가족 치료를 비교적 성공적으로 끝마쳤습니다.

잃은 것은 현실에 존재하지 않았던 부모님의 이상적인 아들이었고 얻은 것은 현실의 말썽꾸러기, 그래도 부모에게 사랑받고 싶었던 아들이었습니다. 아버지는 '항상 법대로'에서 '대체적으로 법대로'로 바뀌었고 어머니는 '항상 정확하게'에서 '대체로 정확하게'로 바뀌었고 아이는 '순전히 내 마음대로'에서 '대체로 내 마음대로'로 바뀌었습니다. 어느 날 거실을 치우지 않은 채로, 세 식구가 게임기를 틀어 놓고 함께 게임을 하였다고 합니다.

사랑스럽던 그 아이는 어디로 간 걸까?

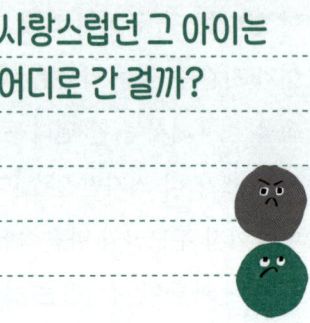

여러분의 자녀가 언제까지 순둥이였나요? 4학년? 6학년? 중학교 1학년? 아마 중학교 1학년 겨울 방학을 전후해서 많은 아이들이 부모에 대한 순응으로부터 자체 졸업을 하는 것 같습니다. 순종의 교복을 살짝 벗거나 혹은 아예 찢어버리는 아이도 있지요. 이제 더 이상 감언이설, 협박, 뇌물 등 과거 초등학생 시절 다양하게 활용하던 의사소통 기술이 먹히지 않습니다. 한마디로 '머리가 컸다' 이거지요. 머리 한 번 쓰다듬는 것, 이것도 사춘기가 되면 조심스러운 일이 됩니다.

부모를 향한 이상화와 존경, 이것도 끝입니다. 말을 하든 하지 않든 그들은 이제 부모의 정체, 그리고 선생님의 정체를 알게 되었습니다. 그리 대단한 분들이 아니라는 것을 알게 된 것입니다. 초등학교 때 위인전에 부모가 없다는 사실을 어렴풋이 알다가 빠르면 초등 고학년쯤 되면 이제 위인은커녕 부모가 대단하지 않을뿐더러 때때로 형편없는 사람이라는 것도 알게 됩니다. '아빠는 허구한 날 술, 일, 늦은 귀가. 엄마는 죽으나 사나 공부, 비교, 불안, 걱정으로 살아가는구나' 하는 것을 알게 되는 것이지요. 이런 과정에서 아이들은 그나마 남아 있던 호감마저 철회하는 데서부터 시작해서 '그래도 우리 부모인데 봐 줘야지' 하는 큰 스펙트럼 위에서 부모의 위치를 이리저리 움직입니다.

아이들은 부모의 정체를 알게 된 이후 단지 몸의 거리뿐 아니라 마음의 거리도 두기 시작합니다. 잘나지도 못한 부모가 나에게 이래라저래라 하는 것을 받아들이기도 싫고, 잘난 부모라 하더라도 아이들은 부모의 주장을 받아들이는 것에 거부감을 느낍니다. 몸의 혁명에 이어 이제 사고의 혁명, 인식의 혁명이 일어나는 것이지요.

아이들 입장에서 생각하면 자신이 '무지에서 깨어났다' 이런 입장인 거지요. 부모 입장에서 생각하면 '저것이 조금 컸다고 이제 무시하기 시작하네' 이런 상태입니다. 정도의 차이는 있지만 아이가 부모의 훈육적 주장에 순진한 복종을 하던 시대는 끝난 겁니다.

그러므로 초등학교 때 그렇게 좋아하던 애니메이션이 재미있을 리가 없습니다. 마술적이고 뻔한 해피엔딩에 언제나 선이 승리하는 스토리텔링이 식상합니다. 아무리 스펙터클하더라도 말입니다. 그런 소재의 영화라면 블록버스터급은 돼야지요.

청소년기가 시작되면서 피아제의 인지 발달 단계*에 따른 형식적 조작기**에 해당하는 논리적 사고들이 가능해집니다. 아이들마다 정도의 차이는 있지만 이제 아동기의 사고 습관에서 벗어나기 시작합니다. 동화가 얘기하는 낭만적이고 우화적인, 그리고 단순한 진리에 대해 아이들은 검증을 요구하고 가설적 질문들을 하게 됩니다. '그게 말이 된다고 생각해?'라는 사고의 양이 늘어나는 것이지요. 나쁘게 보면 순수를 잃는 것이고 좋게 보면 비판적, 성찰적 이성의 눈이 뜨이는 것입니다. 부모 입장에서는 대견스러울 수도 있지만 '나이 먹더니 애가 속이 꼬였네, 그냥 좀 받아들이면 안 돼?' 하는 느낌이 드는 상태이기도 합니다.

문제는 이런 이성적인 상태가 변함없이 유지되는 것이 아니라는 데 있습니다. 아이들은 타인에게는 비판적, 자신에게는 우호적, 타인에게는 현실적, 본인에게는 마술적 사고를 적용하는 상태를 왔다갔다 합니다. 아이들이 보기에는 어른들이 만들어놓은 현실이 정말 못마땅하고, 어른들이 보기에는 아이들의 자기중심적인 잣대가 못마땅하기 시작합니다. 그러니까 입을 떼

---

* 피아제는 아동의 인지 발달에 단계가 있다고 설명하고, 이를 감각 운동기(0~2세), 전조작기(2~7세), 구체적 조작기(7~11세), 형식적 조작기(12세 이후~15세)로 나누었다.
** 가설 수립과 미래 지향적 사고가 가능하며 종합적 사고와 논리적 이해가 가능해진 사고 단계를 말한다.

어 말을 하기 시작하면 논쟁이 시작되고, 그 논쟁은 별 교훈 없이 힘겨루기만 하다 끝나게 되지요. 이 과정을 잘 받아들여 주지 않으면 이제 엄마 아빠는 보수주의자가 되면서 민주적 사고를 하지 않는 독재자가 되기도 합니다.

부모의 위선을 파헤치는 비평가가 되다

아이들은 어떻게 보면 어른들보다 세상 소식을 더 많이 듣고 더 많이 접합니다. 과거에는 전혀 관심이 없던 정치 문제에 대해서도 관심 없는 척하지만 적잖이 알게 됩니다. 보고 듣고 하는 것이 많아집니다. 그리고 '현실적 지식'이 '동화적, 만화적 지식'보다 늘어나게 됩니다. 초등학교 시절에 기본, 표준, 이상에 대해 배웠다면, 중학교에 와서는 현실, 변화, 적응에 대해 배우기 시작합니다.

그런데 이런 인식의 변화로 가장 시달리는 대상은 부모입니다. 순수하던 어린아이에서 점차 독설 어린 비판자로 변해 가는 아이들은 권위적인 인물들의 못마땅한 행동에 대해 까칠한 비평가로 행세합니다. 그 권위적 인물의 대표가 역시 부모인 것이지요.

> 아빠가 매일 늦는 것이 일 때문이 아니라 술 먹고 노는 거였어. 자기는 그렇게 놀면서 어떻게 나한테는 공부 타령을 그렇게 하지?

> 엄마가 이러는 거는 학원비가 아까워서 그러는 거야. 엄마가 원하는 거지 내가 원하는 것이 아니라고. 자식이 무슨 자기 소유야? 자기 마음대로 할 수 있다고 생각하는 것이 인간을 존중하는 거야?

조금 더 자란 아이에게 세상은 이전과는 다르게 보이기 시작합니다. 부모는 이제 자신이 한때 이상화했던 그 부모와는 다릅니다. 이상화되었던 부모가 나락으로 떨어진 상태에서 아이들은 그 실망감을 짜증으로 표현하는 경우가 많습니다. 한편으로는 상실이고 한편으로는 진실인데, 아이들은 마치 부모가 자신 앞에서 그간 잘난 척이라도 해 왔다는 듯이 대합니다. 또 부모를 비꼬듯이 대합니다. 이것은 자연스러운 과정이긴 합니다만 심한 경우 부모님들이 괴로우시죠. 때때로 정말 훌륭한 부모님들이 있어 이런 과정을 겪지 않아도 되는 아이들이 있긴 하지만, 지나친 부모의 이상화는 부모로부터의 독립을 지연시킬 수도 있습니다.

또한 학교의 선생님들도 아주 흔한 표적이 되곤 합니다.

> 그 실력으로 교사를 계속한다는 것이 이해가 안 가네. 차라리 나 같으면 때려치우겠다.
> 성격이 저런 인간을 어떻게 존경할 수 있지? 선생이 인격이 좋아야지. 참, 세상에.
> 자기가 무슨 우리를 진짜 생각해서 저래, 제 잘난 맛에 저러는 거지. 짜증나.

이런 아이들의 독설과 짜증에 "꼴같잖게 왜 그래? 네가 지금 그런 말할 처지야?", "네가 좀 컸다고 내가 우습게 보이니? 현실은 그렇지 않아, 복잡하다고!" 이렇게 부모님이나 선생님이 맞불 놓기를 하면 아이들의 덫에 걸리게 됩니다. 아이들은 "그래, 본색이 나오네. 인정은 못하겠다, 이거지?", "또 힘으로 누르려고 하겠지, 소리 지르고. 이제 나도 맨날 지고만 살 수는 없다"라는 식으로 나옵니다.

그래서 싸움이 일어나게 됩니다.

이 까칠한 비평가의 독설을 품어 주는 일은 고달프지만 아이가 성장하면서 거쳐야 하는 과정입니다. 세상의 진실을 알아가는 과정에서 아이들이 심리적 고통을 겪고 있다는 증거이기도 합니다. 아이들은 세상에 제대로 된 사람이 없다는 것, 세상에 이상적인 사람이 없다는 것을 깨닫게 됩니다. 아이는 진실을 마주하는 고통을 겪게 됩니다. 이 고통을 겪지 않으면 아이는 계속 환상의 상태, 동화의 상태에 머물러야 합니다. 순종적인 것이 좋다고 동화 속에서 달콤한 사탕만 계속 물고 있으라고 할 수는 없겠지요?

그러나 부모의 은근한 종용이든 아이들의 회피이든 간에, 동화 속의 세계에 머무르는 아이들도 종종 있습니다. 엄마 아빠의 그늘 아래서 아기처럼 사는 경우를 봅니다. 유모차 대신 자가용으로, 사탕 대신 햄버거로 바뀌었을 뿐 부모는 보호하고 아이는 의존합니다. 가끔 칭얼거리고 떼쓰고 그러면 부모는 달래고 사 주고, 그러면서 서로 좋았다 싫었다를 반복하는 상태에 머무르는 끔찍한 관계를 봅니다.

고통스럽지만 동화와 전설의 세계에서 나와 현실을 보면서 서로 간의 거리를 조금씩 가져야 합니다. 그 거리를 갖기 위해 때로는 싸워야 할 필요가 있고 실망스러운 일도 직면할 수 있어야 합니다. 고통 없는 성숙이나 아픔 없는 성장은 없습니다. 이 시기의 보이는, 보이지 않는 신경전 혹은 싸움은 단지 그 과정일 뿐입니다.

부모는 아이의 감정 쓰레기통이 돼 줘야

사춘기에 접어들면 아이들은 부모에 대한 새로운 인식을 가짐과 동시에 '나'라는 자의식의 뿌리가 깊어집니다. 태어날 때부터 시작되어 크기 시작한 '나'는 앞에서도 말씀드린 바가 있지만 유아기에 어머니와의 분리 개별화를 한 번 겪고, 이 시기에 다시 한 번 겪습니다. 그 결과 부모, 가족으로부터 떨어진 '나'가 탄생하고 '나'와 주변의 경계는 더 견고해집니다. 이 자의식이 강해지면서 자기중심성이 증폭됩니다. 이제 '나'에게 물어봐 주고 '나'를 존중해 주는 것을 필요로 합니다. '나'에 대한 동의도 없이 마음대로 누군가가 '나'에게 함부로 하는 것을 허락하지 않습니다. 당연히 '나의 것'을 함부로 보아서도 안 됩니다.

그러므로 아이의 방을 함부로 정리해서도 안 되고, 아이의 물건에 손대는 것도 신경을 써야 합니다. 아이의 일기장을 몰래

보았다가 걸리기라도 하는 날에는 난리가 날 것을 각오하셔야 합니다. 대단하지도 않은 아이들의 '나'를 깍듯이 대접해야 평화롭게 지낼 수 있게 됩니다.

문제는 한없이 작아진 가족 속에서 부모가 아이들이 세워 놓은 '나'의 경계를 존중하지 않으면서 발생합니다. 식구도 몇 안 되는 조그만 가정 안에서 숨 막힐 듯이 밀착해 지내게 되면, 아이는 자의식의 세계를 구축하는 데 어려움을 갖습니다.

부모의 '나'를 아이에게 너무 강하게 밀어 넣으면 아이의 '나'는 있을 자리가 비좁아집니다. 그러다 보면 건강하고 튼실한 '나'가 아니라 허약하고 손상된 '나'가 탄생하는 것이지요. 특히 부모의 일부가 이식된 '나'가 형성되면, 후에 자기 정체성의 혼란이 생기게 됩니다. 부모가 원하는 것을 자신이 원하는 것으로 착각하고 살다가 정작 본인이 원하는 것이 무엇인지 모르게 되지요. 청년 초기에 혼란에 빠지는 아이들은 사춘기에 자신의 정체성에 대해 확고한 자신감을 갖지 못한 아이들입니다.

사춘기는 부모를 과감하게 떠나기 시작하는 인식의 전환기입니다. 비평적 눈이 뜨이면서 과거의 이상적인 모델은 더 이상 우상의 자리를 차지하지 못합니다. 이제 새로운 자의식에 기초한 새로운 모델과 동일시를 해야 하는 시기입니다. 아이들은 부모로부터 다른 모델에게로 이동하기 시작합니다. 그리고 떠나기 위해서, 왜 떠나는지를 설명하기 위해 부모에게 퍼붓기 시작합니다. 이 기간을 견뎌 주는 것 자체가 중요합니다.

영국의 정신 분석가 비온Bion은 부모의 역할은 그런 점에서 수용체, 담아 주는 그릇container이라고 했습니다. 아이들이 자신의 나쁜 것, 버릴 것을 부모에게 퍼부으면 부모는 그것을 받아 주는 역할을 해야 한다고 했습니다. 그렇게 해 줌으로써 아이들이 성장할 수 있고 세상이 살 만하다고 느끼게 된다고 했습니다. 쉬운 말로 부모가 쓰레기통이 되어 주라는 것이지요.

아이의 자연스러운 성장 과정에서 일어나는 실망과 상실을 품어 주는 부모가 돼야 합니다. 아이들이 퍼붓는 쓰레기들을 받아 주고 스스로 비워 내야 합니다. 그 수고가 부모가 되는 과정이기도 합니다. 이것을 아이에게 되돌려 주면 아이는 자신을 다시 그 쓰레기들로 채우게 됩니다.

이 시기에 또 다른 비밀이 하나 더 있습니다. 아이들이 부모나 선생님을 대상으로 도덕적 잣대를 들이대며 싸우는 것은 사실 현실의 부모나 선생님과 싸우는 것만은 아닙니다. 그것은 자신과 싸우는 것이기도 합니다. 자신의 초자아가 요구하는 것을 마치 부모나 선생님이 요구하는 것처럼 느껴서 싸우는 것입니다. 결국 아이들 내면에서의 싸움인 것입니다. 그러니까 아이가 까칠한 도덕적 주장을 하면서 무언가 요구할 때 이런 마음으로 받아 주시면 됩니다.

'그래, 네가 너만의 새로운 도덕 기준을 세우기 위해 내면의

투쟁을 하고 있는 거구나. 네가 지금 무조건 순종만 할 수는 없다고 너 자신에게 얘기하는 거구나.'

좋은 금지와
나쁜 금지

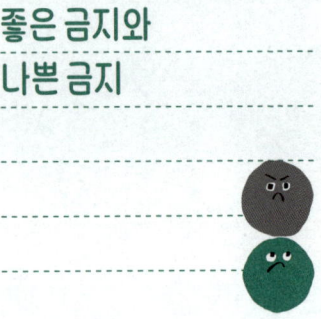

사춘기는 부모로부터 본격적으로 독립을 시작하는 시기이기 때문에 어떻게 보면 반항을 하는 것이 당연한 것이라고 이야기하면, 어떤 부모님들은 그래도 미련을 못 버리고 이렇게 묻곤 합니다.

"다른 집을 보면 여전히 순종적인 아이들도 많은데요. 그건 또 왜 그럴까요?"

그럴 수 있습니다. 부모님이 아이를 잘 받아 주고 융통성 있게 민감하게 아이와 리듬을 잘 맞추면 그렇게 될 수도 있지요. 좀 섭섭하게 들릴 수도 있겠지만, 아이를 잘 알고 그래서 믿게 되면 엄격한 규칙이나 처벌을 적게 사용하니까 아이도 부모에게 대들 것이 별로 없고, 부모님도 마음이 불편할 일이 별로 없는 거지요.

부모 생각대로, 부모 기준대로 아이를 잡으려 하면 오히려 문제가 생길 가능성이 커집니다. 믿고 기다리고, 그러다 너무 지나치다 싶으면 따끔하게 말하고 그런 정도로 넘어가는 집들도 꽤 있는 것 같습니다. 현명한 부모님들이지요.

그런데 어떤 정도에서 믿고 넘어갈 건지, 또는 금지할 건지 그 선을 정하는 게 사실 어렵습니다. 우리나라뿐만 아니라 전 세계 부모들의 공통된 고민인 것 같아요. 마치 밀고 당기기 게임을 하는 것 같습니다. 일명 '밀당'이란 것을 하는 거지요. 전 세계 청소년들이 부모와 싸우는 7가지 주제가 있습니다. 무엇일 것 같은가요? 한번 맞춰 보실래요?

- 귀가 시간
- 이성 친구
- 성적
- 용돈
- 술 담배 하지 않기
- 외식이나 여행 등 가족 행사에 빠지지 않기

맞습니다. 모두 여러분들이 지금 고민하고 있는 문제지요? 그럼 남은 한 가지는 뭘까요? 많은 부모님들이 '게임'을 꼽습니다. 게임 문제는 한국 아이들에게 유독 심각한 거 같습니다. 그런데 보다 보편적으로는 외모와 의복에 관한 것이라고 합니다.

그러니까 전 세계 청소년들이 부모와 갈등을 일으키는 문제는 이렇습니다. 아이들이 크면서 외모와 의복에 한층 더 신경을 쓰고, 이성 친구에 관심을 갖고, 그러다 보니 용돈과 귀가 시간에 문제가 생기고, 그러면서 가족들이 모이거나 함께하는 활동에 빠지기 시작하고, 하라는 공부는 안 하게 되는 것이지요. 또 그렇게 나가다 보면 아이들과 어울려서 술 담배와 가까워지는 문제가 생기기도 하는 것이지요. 그럼 이런 문제에 대해 어떻게 하는 것이 좋을까요?

맞습니다. 미리 기준을 정해 놓는 게 좋습니다. 그런데, 여기서 한 가지 팁을 드리면 부모님이 일방적으로 정하지 말고 아이들과 상의해서, 형편을 이해시키면서 정하면 좋습니다. 검소하게 사는 부모님이 아이가 100만 원짜리 가방을 사 달라고 하면 어떻게 하시겠어요? 또 평생 입어 보지 못했던 70만~80만 원짜리 겉옷을 사 달라고 하면 어떻게 하시겠어요?

부모님이 생각하기엔 이걸 파는 사람이나, 사 달라고 하는 아이나 미친 것처럼 보일 수 있습니다. 아니면 사 주고 싶은 마음은 있는데 못 사 주는 건가요? 아니면 형편이 안 돼도 못 이기는 척 빚을 내서라도 사 주고 있나요? 요즘은 핸드폰 때문에 갈등이 많다고 하죠? 고가의 핸드폰을 사 달라는 아이 앞에서, 형편은 안 되는데 어떻게 하면 좋을지 모르겠다고 하소연하는 부모님들이 적지 않습니다.

　제가 봤을 때는 아이에게 사 주고 싶은 마음이 있다는 것은 알려 줄 필요가 있습니다. 좋은 것을 자녀에게 주고 싶은 마음이 있다는 것을 말이지요. 하지만 형편이 안 되고, 또 지금이 아니라 좀 기다렸다가 사자고 할 수는 있는 거지요.

　그런데 보통 "저런 걸 사다니 미쳤다", "한심하다", "머리에 든 것 없는 아이들만 저런 걸 찾는다"고 말하죠. 이렇게 쏟아 대니까 아이들이 반발할 뿐 아니라 사춘기 단계의 아이들은 '사 주기 싫은 거구나'라고 생각하게 되고, 부모가 자신을 생각하는 마음이 없다고 느끼면서 섭섭하고 화가 쌓이는 거라고 생각합니다.

　다시 원래 이야기로 돌아가서 밀당을 하면서 '좋은 금지'를 하게 되면 아이를, 아이의 자아를, 아이의 행동을 잘 보호하게 되는 거고요. '나쁜 금지'를 하게 되면 아이를 파괴하게 됩니다.

　좋은 금지란 아이가 지킬 수 있는 것을 제시하면서 상의해서 정하는 것입니다. 이렇게 하면 아이가 받아들일 수 있죠. 나쁜 금지란 아이가 지키기 어려운 것들을 제시하면서 일방적으로 정하는 것입니다. 이러면 아이가 받아들이기 어렵죠. 함께 정했든 아니든 약속이 안 지켜지면 바로 벌칙을 내리는 것이 아니라 먼저 전후 사정을 물어봐 주세요. 아이가 지킬 마음이 있었는데 못 지킬 만한 사정이 있었을 수도 있으니까요. 이유가 합당하면 너그럽게 괜찮다고 해 주세요. 그러면 아이들은 부모님을 신뢰하고 더 약속을 지키려고 합니다.

안 그러던 아이가 어느 날 밤 12시에 들어오면서 연락도 없었다고 해 보죠. 그럼 걱정을 먼저 해야 할까요? 혼내는 것이 먼저일까요? 아이가 들어왔을 때 걱정하는 마음을 먼저 표현해야 아이가 말을 하지요. 만일 몽둥이를 들고 기다렸다가 "너 지금 몇 시니? 일부러 전화기 꺼 놨지? 어디서 뭐 하다 인제 와?"라고 하면, 말할 기분이 싹 사라지게 되지요. 그럼 사연도 못 듣고 싸우다가 기분만 나빠지고, 서로 대화가 안 된다 하면서 불신감만 쌓입니다.

제가 이런 이야기를 하면 부모가 천사냐 하시겠지만, 제가 보니까 실제로 이렇게 하시는 부모님들도 많더라고요. 그러면 아이들은 부모님이 날 이해하려고 애쓰고 있다는 데 신뢰감을 갖게 됩니다. 그러면 대화의 창구가 닫히지 않게 됩니다.

여기까지 말하면 부모님들의 분위기는 '아 참, 어렵다. 성질대로 하면 안 되나?' 이런 표정들입니다. 그렇지요. 사춘기 아이를 다루는 부모는 어렵습니다. 부처가 되어야 한다는 분들도 간혹 계십니다. 자식 키우기, 고행이라면 고행입니다. 자신과 싸우는 고행이 맞는 것 같습니다.

아버지와 아들 중 누가 미쳤을까?

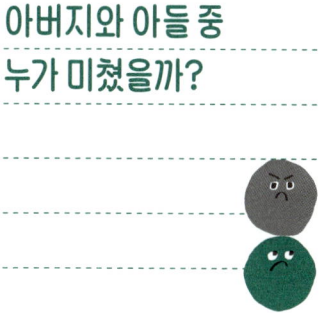

사춘기 자녀와 중년의 부모 사이에는 세대 차이가 존재할 수밖에 없습니다. 기성세대의 눈에 비친 사춘기 아이들은 이해 불가투성입니다. 요즘 아이들의 일상을 놓고 못마땅해 하는 분들의 이야기를 몇 가지 모아 보았는데 한번 들어 보실래요?

요즘 아이들은 말끝에 욕이 아니라 욕 끝에 말입니다.
요즘 아이들은 공부 중 게임이 아니라 게임 중 공부입니다.
요즘 아이들은 부모님 먼저 드시라고 하고 먹는 것이 아니라 부모 제치고 자기가 먼저 먹습니다.
요즘 아이들은 화나게 만들어 놓고 정작 자기가 성질부립니다.
요즘 아이들은 자신이 어지럽히고 치우기는 부모더러 하라고 합니다.

요즘 아이들은 힘든 일은 부모 몫이고, 재미있는 일은 자기 몫이라 합니다.

요즘 아이들은 무엇이든 네 자로 말하기보다 무조건 두 자로 말하기를 좋아해서 여차하면 무슨 말인지 알아들을 수도 없습니다.

그런데 약간 다른 각도에서 보자면 지금 우리 세대의 풍속도이고 또 우리가 만든 문화의 일부이자 세태입니다. 문제라기보다는 세대와 시대의 차이이기도 합니다.

가치관이 다른 아버지와 아들이 갈등 끝에 저를 찾아온 사례를 소개해 보겠습니다.

화가 잔뜩 난 아버지가 아들을 끌고 외래로 왔습니다. 이미 집에서 대판 싸우고 아이에게 자가 진단을 내린 후에 데리고 온 것입니다. 진단명은 미친 상태, 즉 정신병이었습니다. 아버지에게 여쭤보았습니다.

"아이가 미쳤다고 하시는데, 어떤 점들이 그런가요?"

"제때 일어나기를 하나, 제때 할 일을 할 줄 아나, 제 몸을 관리할 줄 아나, 제 물건을 간수할 줄을 아나. 도대체 뭐 하나 할 줄 아는 것 없이 한없이 게으르고 아무 생각이 없는데, 미치지 않고서야 이렇게 할 수 있나요? 이제는 도저히 그 꼴을 봐줄 수가 없어요."

옆에 있던 아이는 고개를 돌리며 잔뜩 불쾌하고 짜증난다는 표정을 짓습니다.

아이에게 물어봅니다.

"아버지는 네가 그렇다는데, 넌 아버지 의견에 대해서 어떻게 생각하니?"

"짜증나요. 모든 게 못마땅해요. 제가 봤을 때는 아빠가 제정신이 아니에요. 뭐 하나 집 안에 둘 수가 없어요. 이리저리 옮겨서 찾을 수가 없어요. 방바닥에 머리카락이 있는지 검사나 하고 휴일 낮에 낮잠도 못 자게 해요. 나만 싫어하는 게 아니라 우리 식구가 다 싫어해요."

"아버지가 부지런하시고 청결한 것을 좋아하시나 봐요."

아이가 말을 가로채더니, "그런 게 아니라 집이 무슨 군대인 줄 안다고요. 다 자기 법대로 해야 돼요. 낮잠 좀 자면 왜 안 돼요? 집에서 좀 아무렇게나 두면 또 왜 안 되고요? 제가 왜 따라왔는지 아세요?"

"네가 온 이유를 말하고 싶은가 보구나, 그러게 한번 말해 보렴."

"아빠가 저더러 미쳤다고 해서 제가 '아빠도 미쳤어'라고 했고 '어디 한번 병원에 가서 누가 미쳤나 검사해 볼까?' 그렇게 말다툼하다가 '그래, 한번 가서 같이 검사 받아 보자' 하고 왔어요. 누가 제정신이 아닌지."

"맞아요, 같이 검사를 해 주세요. 정말 이번에 확실히 객관적 증거를 가지고 하나하나 뜯어고치지 않으면 얘는 대학교는커녕 고등학교도 못 갈 거예요. 아주 이번에 뿌리를 뽑아야 해요, 나쁜 버릇들을." 아버지가 말씀하셨습니다.

제가 검사까지 할 필요는 없고 서로 차근히 이야기를 나누어 보자고 했는데, 두 사람 다 비싼 심리 검사를 해야겠다고 했습니다. 그래서 예약을 하여 검사를 했고 결과가 나오는 날 다시 만났습니다.

심리 검사 결과는 아버지의 예상과는 빗나갔습니다. 게으르고 정신이 빠져 있고 정리가 안 된다는 아들보다 아버지의 상태가 좋지 않았습니다. 아버지의 불안, 강박, 초조가 더 큰 문제였고, 아들은 비교적 정상 범위에 속하지만 의욕은 상당히 저하된 상태였습니다. 많은 아이들이 그렇듯이 말입니다.

아버지에게 아이가 환자로 보인 것은 아버지의 불안 증세에 더해 자신이 살면서 중요하게 여긴 원칙인 근면, 자주, 협동과 충효 정신이 아들에게서는 보이지 않았기 때문입니다. 아버지 입장에서는 아들이 자기 제사상 차려 주기도 틀렸다는 생각을 하신 것이지요.

이 사례를 가만 들여다보면 문제가 아니라 차이인 것들이 많습니다. 척박한 땅에서 개척 시대를 살아온 부모들과 풍요로운 땅에서 향락의 시대를 살고 있는 자식들 간에 가치관의 공존과 통합이 일어나기는 어렵습니다. 근면과 검소를 모토로 살았던 분들 입장에서는 요즘 아이들의 소비 행태가 좋게 보일 리가 없지요. 부모님들 중 상당수는 먹고사는 것이 가장 큰 걱정이지만, 요즘 아이들 중에 먹고사는 것을 걱정하는 애들은 일부에 불과할 겁니다. 아빠 엄마는 "너 이러다가 딱 굶어 죽기 십상이다"라고 하지만 아이들은 굶겨 죽일 생각이 아닌 바에야 왜 저런 소리를 할까 하는 의문을 가질 뿐입니다.

공부는 안 하고 게임만 하면서 치킨이나 시켜 달라는 자식을 보고 있자면 속이 터지지요. 특히 일하지 않는 자는 먹지도 말라는 윤리 의식을 갖고 계신 분은 화병에 걸릴 지경입니다. 하지만 자녀들은 어떨까요? '우리 부모는 왜 저럴까?' 하는 심정일 겁니다.

몸은 한국, 동양에 있지만 할리우드 영화를 보고 쇼핑몰에서 유년기를 보내고, 미드, 영드, 일드를 보고 자란 아이들은 서구적인 가치관이 많이 배어 있습니다. 부모와는 상당히 다른 가치관을 지니게 되었지요. 이렇게 다른 가치관을 지닌 상대방을 이해하는 것이 저절로 되는 것 같지는 않습니다. 거창하게 이야기하면 자식을 잘 이해하려면 시대도 잘 이해해야 하는 것이 필요해졌다는 것이지요.

예를 들자면 다음의 표에서와 같은 가치관의 차이가 있다는 것입니다. 이 표는 웃자고 만든 것이 아닙니다. 동시대에 한 집에서 같이 살고 있지만, 서로의 가치 기준이 너무 달라서 불편한 동거를 하고 있음을 보여 주기 위한 것이지요. 우리가 자녀 세대의 트렌드라고 불리는 것들을 잘 알수록 덜 불편한 동거가 될 것입니다.

부모 세대와 자녀 세대의 가치관의 차이

	부모 세대	자녀 세대
옷	실용성, 보존성	유행, 멋
음식	밥, 찌개, 양	치킨, 피자, 맛
공부	죽으나 사나	적성에 맞는 아이들이나
효	일생일대의 가장 중요한 도리	각자의 인생을 살 뿐
힘든 일	내가 나서서	부모의 몫
주요 걱정	먹고사는 것	재미없을까 봐
핸드폰	전화, 메시지, 시계	생명줄
돈	저축하고 모으고	쓰고 또 쓰고
잠	줄이고 최대한 일	졸리면 자고 볼 일
게으름	악 중의 악	창조의 원천
인내심	성공하기 위한 필수 덕목	그게 뭔지 모름
인기 드라마	못 보면 할 수 없고	본방 사수
먹는 순서	장유유서	배고픈 순서대로

"난 지금 '최선'을 다하고 있다고요!"

다음은 진료실에서 부모님들이 흔히 하는 이야기 중 하나입니다.

"제대로 해 보지도 않고 왜 안 된다고 그러니?"

"네가 언제 열심히 해 본 적이 있어?"

"네가 최선을 다하는 모습을 본 적이 없다."

이 짧은 잔소리에는 요즘 아이들이 정말 싫어하는 몇 개의 단어가 있지요.

'열심'과 '최선', 아이들이 정말 재미없어 하는 단어입니다.

'제대로' 이것은 모든 잔소리의 기초이지요.

부모님은 아이가 '제대로, 열심히' 하지 않는다고 느끼기에 속이 많이 상할 것입니다. 그래서 자꾸 '최선, 제대로, 열심'이라는 카드를 꺼내 놓습니다. 그러나 아이는 이 카드를 제일 싫어하기에 짜증만 납니다.

거기다 한 걸음 더 나아가서 '목숨을 걸고!' 이 카드는 어머니보다는 아버지들이 많이 쓰는 잔소리 카드이지요.

"최선을 다해서, 목숨을 바칠 각오로 해 본 적도 없으면서 왜 단정적으로 안 된다고 하느냐?"

하지만 아이들은 목숨을 걸고 해야 할 이유를 정말 모릅니다. 그리고 "어떻게, 뭘 더 하느냐?"고 반문을 하지요. 아이들의 '최선'과 '최고'의 기준이 부모 세대와 다르다는 것을 이해하기 전까지는 답답할 수밖에 없습니다.

"네가 최선을 다했다고 어떻게 말할 수 있니? 시험 기간에도 PC방 다녀오고, 잠은 잘 거 다 자고, 먹을 거 다 먹고, 헤드폰 끼고, 너 할 거 다 하고 하는 공부가 그게 최선이야? 엄마 아빠는 잠 줄이고 먹는 시간도 아까워하며 쌍코피 터지면서 공부했어! 어떨 때는 걸어 다니면서도 외우고, 죽을 정신으로 했다고!!!"

아이들은 답합니다.

❝ 그건 엄마 아빠 때 얘기지.
시험 기간에 PC방 잠깐 다녀온 거? 평상시보다 엄청 줄인 거고, 배고프면 머리도 안 돌아가는 거 몰라?
난 이게 내가 할 수 있는 최선이라고.

> 그리고 공부를 왜 죽을 각오로 해? 하면 그냥 하는 거지. 난 최선을 다했다고!!! **"**

한심스러운 답변이라고 생각하시겠지만 지금 아이들의 정서가 이렇습니다. 지금의 아이들은 절대적 빈곤에 따른 빈곤 탈출형 학습자도 아니고 인내심과 자학으로 뭉친 독기 품은 아이들도 아닙니다. 풍요의 시대에 과잉보호 속에서 자란 아이들입니다. 부모님 세대가 생각하는 최선의 기준에 맞추는 아이들은 아주 일부에 불과합니다. 저는 이것은 시대의 문제이지 개개 아이들의 문제는 아니라고 생각합니다.

"핸드폰 바꿔 줄게"가 최고의 동기 부여인 시대

이번에는 옷 문제로 다툼이 있었던 모녀의 사례입니다. 진료실에 들어온 중학교 2학년 여학생이 대뜸 이렇게 말했습니다.

"엄마랑은 이제 같이 옷 사러 안 가요."

"왜?"

"정말 창피해 죽을 것 같아서 소리를 질렀어요."

"어머니가 어떻게 하셨기에?"

"처음에는 백화점을 데려가요. 그래서 와~ 했지요. 거기서 실컷 보더니 얼마 떨어져 있는 아웃렛으로 가더라고요. 그래서 여기저기 보고 사려나 보다 하고 따라갔어요. 백화점에서 본 옷과 비슷한 것을 고르시더라고요. 속으로 '돈이 없나 보네' 했지요. 그러다 갑자기 가판대로 가더니 '이거네!' 하면서 옷을 집어 드는 거예요. 백화점에서 본 것과 비슷하다면서요. 짜증이 나기 시작했어요. 판매원 아줌마랑 이야기하면서 '이게 유행이 좀 갈까요? 근데 질기긴 해요?' 하는 거 있죠. 그때부터 화가 나기 시작했는데 글쎄 엄마가 그 아줌마한테 '바느질은 잘된 옷이지요?' 할 때 완전 소리를 질러 버렸어요. 창피해서 죽을 것 같았어요. 다시는 엄마랑 안 가요. 그냥 친구들하고 갈 거예요. 엄마는 돈만 주면 돼요."

아이의 과장인지 어머니의 습관인지는 모르겠지만, 아이는 메이커가 아니면 입기도 싫어하고 짝퉁을 입긴 하지만 가판대에서 고르는 것은 싫어하나 봅니다. 게다가 가판대에서 너무 많은 것을 바라는 엄마는 견딜 수가 없는 거고요.

부모님 세대에서는 흔히 수고한 사람에게 "내가 밥 한번 살게"라고 말합니다. 그런데 요즘 아이들과 젊은 세대에게는 그것이 감사의 표현도, 동기 부여도 되지 못할 때가 많습니다. '아니 내가 밥을 못 먹고 다녀서 밥을 산다고 하나?' 하는 분위기인 거지요.

부모 세대와 자녀 세대는 동기 부여 방법이 다릅니다. 요즘 아이들에게 가장 큰 동기 부여가 되는 것은 "핸드폰 바꿔 줄게"입니다. 직장에서도 마찬가지이지요. 요즘 젊은 직장인들에게 "어이, 이번에 정말 수고했어. 내가 술 한잔 거하게 살게"라는 것보다는 "진짜로 수고했네, 우리 하루 일찍 퇴근하기로 하지"가 더 환영받는 시대라고 합니다.

부모님들이 시험 치르고 온 아이들에게 큰마음 먹고 "우리 근사한 데 가서 멋지게 식사나 하자"라고 얘기하면 아이들은 "난 친구들이랑 먹을 거야"라고 하는 바람에 썰렁해지는 경우가 흔합니다. 제가 말하고 싶은 것은 요즘 아이들은 다른 방식으로 동기 부여가 되고, 좋아하는 보상의 목록도 과거와는 다르다는 것입니다.

자기중심성이 강한 부모는 자기가 사 주고 싶은 것을 사 주면서 왜 아이가 좋아하지 않느냐는 우문을 던지지요. 시대를 이해하는 부모는 아이가 갖고 싶은 것을 빨리 간파해서 그것을 사 줍니다. 이런 부모들에게 아이들이 감사하는 마음을 갖게 되지요. 물론 무리를 하지 않는 선에서 말입니다. 결국 부모가 좋아하는 것과 아이들이 좋아하는 것의 차이를 잘 알지 못하면 서로에게 상처가 되고 맙니다.

세대 차이는 언제나 있는 것이어서 초등학교 때부터 문제가 되지만, 그때는 그래도 아이들이 부모가 하자는 대로 따릅니다. 그러나 중학교에 올라가면서부터는 사정이 달라집니다. 자기주장을 강하게 하면서 부모의 권유를 받아들이지 않습니다. 계속 강요하면 폭발하지요. 좋은 핸드폰을 사 주는 것이 부모가 나를 얼마나 존중하느냐와 관련이 있다고 생각하는 세대입니다. 좋은 핸드폰을 사 주지 않는 부모는 자신을 생각해 주지 않아서, 심지어 사랑하지 않기 때문이라고도 생각합니다.

이렇게 세대 차이라는 것을 알게 되면, 서로 미워하고 안 통하고 힘든 것이 '선과 악'의 프레임이 아닌 '차이에 대한 이해 부족'이라는 프레임으로 바뀔 수 있습니다. 그렇게 시각만 조금 바꿔도 불편한 마음이 줄어든다고 많은 부모님들이 말합니다. 나아가 어른들에게는 통하는 방식에 왜 아이들이 시큰둥했는지 이유를 알게 되어 좋았다는 부모님들도 있습니다. 물론 이해한다고 당장 변하기는 어렵지만 말입니다.

우리 사회가 너무 빨리 변해서 부모 자식 간에도 다른 시대의 사람들이 모여서 사는 것과 같다고 합니다. 그러니 서로 다 안다고 생각하지 말고 잘 모르는 손님처럼 대하는 게 현명한 방법일 수도 있습니다. 손님이라고 생각하니 더 잘해 주게 되기도 하고요.

칼릴 지브란도 비슷한 말을 했습니다.

'자녀를 우리에게 보낸 분은 신이고, 우리는 그 자녀가 멀리 잘 날아갈 수 있도록 좋은 활이 되면 된다.'

내 배 속에서 나왔으니 나를 전적으로 닮고, 생각도 나와 비슷할 것이라고 생각하시겠지만, 그렇지 않습니다. 무엇보다 시대가 다르니까요. 그리고 엄연히 자식도 남이잖아요. 물론 남의 마음이 내 마음 같지 않다는 것을 머리로는 이해하지만 가슴으로 받아들이기란 쉽지 않지요.

가까운 사람에 대해서는 내 마음 같을 거라는 기대를 훨씬 더 많이 하니까 좌절도 더 큰 것 같습니다. 무엇이든지 기대가 크면 힘들지요. 적절한 기대가 참 중요한 것 같습니다. 부모로서 실패하는 가장 흔한 조합이 '높은 기대, 낮은 양육 기술'이라고 했거든요. '적절한 기대와 높은 양육 기술'인 경우가 제일 행복하다고 해요.

세대 차이에 대한 강연을 듣고 한 아버님이 이렇게 말씀하시더군요.

"사춘기 자녀를 이해하는데 시대까지 이해가 된다니까 참 좋네요. 하하하."

그렇습니다. 자녀를 이해하는 것이 단지 인내심을 발휘해야만 하는 고달픈 과정이기만 한 것은 아닙니다. 자녀를 이해하는 것은 나를 이해하는 것이기도 하고, 나의 '부모됨'을 이해하는 것이기도 하고, 요즘 시대를 이해하는 일이기도 합니다. 그뿐만 아니라 시대와 세대의 차이에서 오는 변화를 이해하기도 하는 종합 이해 세트입니다. 우리를 성숙하게 만드는 과정이지요. '차이를 차별로 만들지 마라'라는 말이 다시 생각나는 시간입니다.

> 사춘기 자녀 이해를 도와주는 실전 심리학⑥
> ## 부모됨에 대한 자신감이 떨어질 때 읽어 보는 글

영국의 소아과 의사이자 정신 분석가였던 도널드 위니콧은 '훌륭한 부모는 누구인가'에 대해 보통의 헌신적인 부모들이 대부분 훌륭한 부모들이라고 했습니다. 완벽한 부모는 세상에 존재할 수 없습니다. 우리는 실패하고 복구하고 그리고 서로에게 맞추기를 수없이 반복하면서 부모 역할을 배워 갑니다. 사춘기 자녀 또한 아기 때와 마찬가지로 이해가 어렵다가 다시 이해가 되고, 또 힘들다가 덜 힘들게 되는 과정이 있고, 그런 과정에서 자신을 이해하고 자녀를 이해하면서 우리 자신도 성장합니다.

여러분 자신에게 다음과 같은 말을 선물해 보세요.

"나는 대체로 좋은 양육자다."

"나는 대체로 따뜻한 양육자다."

그리고 자녀에게 이렇게 말해 주기를 즐겨하세요.

"나는 네가 너 자체로 참 좋다."

"지금도 잘하고 있다."

"많이 했으니 쉬어라, 끈기가 있구나."

이런 부모가 되어 주세요

- ✔ 아이의 비판적 태도, 논쟁적 태도는 부모가 싫다는 것이 아니라 성장하고 있다는 증거이니 대견하게 여겨 주세요.

- ✔ 아이의 의견이 마음에 들지 않는 경우 "함께 생각해 보자"라고 해 주세요. 좋은 부모가 사춘기 자녀에게 자주 하는 말은 "깊이 생각해 보자"라는 말입니다.

- ✔ 아이들이 무엇을 사 달라거나 해 보겠다고 할 때 "안 돼!"라고 영원히 못하게 할 것처럼 하지 말고 "해 주고 싶은 마음은 있다. 하지만 지금은 아니다"라고 하면서 "방법을 찾아보자"고 얘기해 주세요.

- ✔ 요즘 아이들은 부모 세대와는 다르게 동기화된다는 것을 이해해 주세요.

- ✔ 이 시대의 트렌드가 무엇인지 알고 있는 부모가 되어 주세요.

- ✔ 아이들에게 배울 것은 배우겠다는 자세의 부모가 되어 주세요.

5부 ⟶ **마음을 나눌
대상이 없을 때의
외로움**

"엄마가 책임져, 난 몰라!"

어느 날 무기력할 뿐만 아니라 아무것도 하지 않겠다고 나자빠진 중학교 2학년 학생이 부모님과 함께 왔습니다. 아이는 무표정한 채로 앉아서, 제가 질문을 하면 엄마 얼굴만 빤히 쳐다보았습니다. 상담 내내 이를 반복하였습니다.

"어떤 게 취미니?"라고 물어도 엄마를 쳐다보고 "무엇을 잘하니?"라고 물어도 엄마를 쳐다보고 "무기력하게 지내는 이유가 뭘까?"를 물어도 엄마를 쳐다보았습니다. 아이는 엄마를 쳐다보면서 '엄마가 답을 하라고!'라는 표정이었습니다. 그래서 제가 다시 물었습니다.

"무엇을 물으면 엄마 얼굴만 보고 엄마더러 답하라고 하는 것 같은데, 엄마가 무서워서 그런 거니, 엄마가 다 알고 있다고 생각해서 그런 거니? 아니면 말하기 싫거나 다른 이유가 있니?"

"전 잘 몰라요. 엄마가 다 알아요."

"엄마가 네 마음도 다 알아? 네 마음은 네 가슴속에 있지, 엄마한테 있을 거 같지는 않은데."

"엄마가 다 알아서 해 왔기 때문에 저는 몰라요. 저는 엄마가 하라는 대로 했어요. 오늘 여기 온 것도 엄마가 가자고 해서 왔을 뿐이에요."

"그렇구나, 마치 네 인생을 엄마에 의해서만 살아온 것 같이 얘기하는 것 같네. 네가 선택하거나 좋아서 한 일도 있지 않아?"

"거의 없어요. 엄마가 무엇이든지 다 결정했어요. 그러니까 책임도 엄마가 져야죠."

잠자코 있던 어머니가 한숨을 쉬며 대답합니다.

"맞아요. 얘가 하는 것이 하도 못 미더워서 지금까지는 그랬어요. 근데 계속 그렇게 할 수는 없는데, 내버려 두면 아무것도 안 해요. 그리고 지금처럼 엄마 핑계만 대요."

아이가 웬일로 자발적으로 말했습니다.

"엄마가 다 알아서 해요. 저는 관심 있는 게 없어요. 엄마가 관심 있는 것만 있을 뿐이에요. 제 책임은 없어요. 내가 뭘 관심을 가지고 한다고 해도 엄마가 간섭하기 때문에 하나 마나예요."

아이의 삶을 거의 대신 살아온 엄마가 맞이하는 파국적인 상황입니다. 이런 상담 장면이 아주 드문 것은 아닙니다. 아이는 의존하는 방법 외에는 알고 있는 것이 없어 부모가 해 주지 않으면 아무것도 할 수 없다는 듯이 살아갑니다. 무서운 의존이자 공생입니다. 주변에서 이렇듯 무기력하게 마치 부모의 인형이나 로봇처럼 지내는 아이들을 가끔 보게 됩니다. 이런 아이들은 청소년기에 학교나 사회적 상황에서 자율적 요구를 받으면 무너지기 시작합니다.

어린아이였을 때 아이들이 하던 말 중에 "엄마 아빠랑 평생 살고 싶다"는 말이 있습니다. 아이는 이 말을 했던 것을 잊습니다. 마치 부모 입장에서는 기억 상실증 환자 같지요. 그렇게 엄마 아빠에게 의존하던 아이가 이제는 때때로 남보다 못한 소리를 해 댈 때도 있으니까요. 그리고 '엄마 아빠와 영원히 행복하게 살고 싶다'는 각본은 폐기돼 버리고 맙니다. 이제 그 영화의 상영은 끝났습니다. 의존의 시대가 끝난 것이지요.

하지만 부모님의 자리가 컸기에 아이들의 마음도 텅 빈 것처럼 쓸쓸해집니다. 처음으로 혼자라는 생각에 빠지기도 합니다. 부모와의 밀착에서 떨어져 나와 광야 앞에서 홀로 된 기분을 갖게 되는 것입니다. 이것이 그렇게 잘난 척하고 떠들고 허세를 부리다가도 아이들이 간혹 보이는 침울함의 본질이라고 생각합니다. 부모가 친절하게 대하면 자신을 유아 시대로 다시 불러들일까 봐 두려워서 까칠하게 대하고, 부모가 또 까칠하게 대하면 자신을 무시하는 것으로 생각해 화를 냅니다. 마음을 알아주길 바라면서도 마음을 다 알까 봐 싫은 상태인 것이지요.

아이들이 좀 우울해 보여 대화를 하다 보면 다음과 같은 반응을 보이기도 합니다.

"요즘 너 좀 우울하니?"

"우울이 뭔데? 그런 것 따위 나한테는 없어."

"아니, 좀 힘들어 보이기도 하고 그런 거 같아서."

"헐, 힘들기를 바라는 눈치네, 짜증나게."

"안 그러면 됐다, 다행이지 뭐."

하지만 아이는 속으로는 다르게 생각할 수도 있습니다. '우울하고 힘들어하는 것을 알긴 하네. 더 파고들지는 않아서 그래도 다행이야' 이렇게 말입니다.

여기서 괜히 "넌 사사건건 그런 식으로밖에 말 못해? 언제 네가 엄마에게 네 기분을 제대로 말해 본 적 있어?" 이 버전으로 나가서는 안 됩니다. 그러면 아이들은 '진짜 기분 모르네, 꼭 말로 다 해야 알아? 시비를 걸 작정이었군. 정말 짜증나' 이렇게 생각할 가능성이 높아집니다. 이해하고 소통하려던 시도가 싸움으로 끝나게 되는 전형적인 대화 패턴입니다.

아이들이 혼자 있고 싶어 하고 우울해 하는 그런 순간에 아이의 독립과 성숙을 위한 과정이 진행됩니다. 우리는 잘 기다려 주면 그만입니다. 부모라도 그 작업을 대신 해 줄 수는 없는 것이지요.

사춘기 자녀 이해를 도와주는 실전 심리학 ⑦

어른들의 우울과는 다른
청소년기 비전형 우울증의 특징

청소년기 우울증은 때로 어른들의 일반적인 우울증과는 다른 모습으로 나타나기도 합니다.

첫째, 우울하거나 슬프다고 하지 않습니다. 대신 많은 청소년들은 우울해지면, '몰싫귀짜'(몰라, 싫어, 귀찮아, 짜증나)라고 말합니다.

둘째, 거부 과민증이 나타납니다. 주변 사람들이 자신을 거부할까 봐 더 예민해집니다. 그래서 '까칠'해집니다. 특히 시선에 민감합니다. "왜 그렇게 쳐다보세요? 제가 지금 한심해 보이는 거지요?" 이런 말을 갑작스럽게 해서 상대방을 당황하게 만듭니다.

셋째, 감정의 전염성이 있습니다. 성인들은 우울해지면 주변 사람들의 감정에 반응하기 어려운데, 청소년들은 주변 감정에 영향을 받습니다. 그래서 웃긴 드라마를 볼 때 웃기도 하고, 슬픈 드라마를 보면서 더 펑펑 울기도 합니다. 이 모습들이 과연 우울한 것이 맞는가 하는 생각을 하게 만들기도 합니다.

- 부모 : "웃긴 드라마 볼 때는 실컷 웃던데, 우울한 것 맞아?"
- 우울한 청소년 : "아 재수 없어 저리 가! TV 보는 것 가지고도 시비야 왜!"

넷째, 많이 자고, 늦게 일어나고, 폭식하고 불규칙하게 생활이 바뀝니다. 어른들은 못 자고, 식욕이 떨어지는 것이 우울증의 대표적 특징인데, 비전형 우울증의 청소년들은 불규칙하고 충동적으로 바뀝니다.

겉으로만 보면, 게으르고 까칠하고 제 멋대로인 불량 청소년처럼 보이기도 합니다. 그래서 어른들이 청소년들의 우울증을 놓치는 경우가 종종 있습니다.

다시 아이의 마음을
훔치려는 부모

　청소년 시기의 아주 중요한 발달 과제 중 하나가 부모로부터의 독립인데, 때때로 이런 작업마저도 부모가 대신 해 주려는 과잉보호적 부모님들이 있습니다. 아이를 혼자 있게 두지 않고 아이의 기분도 지정해 주고 아이의 마음도 좌지우지하려는 부모님들 말입니다. 이때 아주 병적으로 다시 밀착된 관계가 되어 자신을 빼앗기는 아이들도 있습니다. 그렇게 부모의 바람대로 의존하고 지내기로 작정하는 동시에 자신의 생애에 대한 책임을 부모에게 맡기기로 합니다. 아주 위험한 거래라고 할 수 있습니다. 하지만 그 밀착과 공생은 지속되므로 적어도 겉으로는 외롭거나 공허하지 않을 수 있습니다. 숨이 막힐 뿐이지요.

　크리스토퍼 볼라스는 이런 부모의 행위를 두고 '아이의 마음을 훔쳐 가는 부모', 즉 부모가 아이의 마음을 빼앗아서 맡아 두려는 행위라고 말한 바 있습니다. 이렇게 되면 몸은 크지만 아이의 마음, 인격은 자라지 않습니다.

하지만 다시 부모에게 돌아가지 않기로 한 아이들은 과잉보호를 하려는 부모에게 강력하게 저항을 합니다. 부모는 이런 경우 사랑이라는 이름으로 아이의 마음을 훔치려 하고 아이는 자신의 독립을 지키기 위해 싸우게 됩니다. 싸우는 방식이 거칠어지면 자기를 파괴하는 방식으로 나가기도 하지요.

과잉보호는 실은 지나친 사랑이 아니라 성장을 저해하는 파괴적인 행위인데, 겉으로는 그렇게 보이지 않는 것이 문제입니다. 사춘기 시기에 부모가 필요한 것은 아이에게 젖을 주기 위해서가 아니라 안내와 대화, 자립을 돕기 위해서입니다. 아이들이 내적 독립을 이루어 나갈 때 느끼는 불안은 개인에 따라 정도의 차이가 있지만, 그 이전에는 경험해 보지 않은 새로운 종류의 불안입니다. 그러므로 누군가 희미하게라도 등불을 비추어 주고 안내를 하거나 지도를 제공할 필요가 있습니다.

과잉보호도 아이의 성장을 방해하지만 회피나 방임도 아이의 성장을 방해합니다. 주변에서 아무런 관심도 보이지 않는다면 아이는 엉뚱한 길을 헤매며 목적지를 찾지 못할 수도 있습니다. 아이들이 의존하지 않게 하는 방식으로, 아이들의 자아가 강해질 수 있는 방식으로 가이드를 해 주는 것이 필요합니다.

아이들이 사춘기에 접어들어 스스로 챙겨 먹을 줄 알게 되고 자기 관리를 할 수 있게 되자마자 아이들을 방임하는 부모들이 있습니다. 완전 방임형 부모가 있는가 하면 전문가 위탁형 부모도 있습니다. 아이들이 어려움에 처하면 전문가에게 맡겨 버리는 부모들을 말합니다. 그때부터 마치 책임은 전문가에게 있는 것처럼 생각하는 것이지요.

하지만 전문가가 부모가 될 수는 없습니다. 부모 흉내를 내는 전문가가 있을 수는 있지만 말입니다. 이것은 건강한 분리가 아니라 버려지는 것과 다를 바 없습니다. 부모의 관심과 지원이라는 필수 영양분이 빠진 아사 상태로 자라는 아이들이 됩니다. 기운 없는 삶을 살아가는 아이들이 되는 것이지요.

부모는 아이를 끊임없이 살피면서 지원해야 하는 존재입니다. 기름이 떨어질 때는 주유소가 되어 주고, 햇살이 너무 강할 때는 그늘이 되어 주고, 또 태풍이나 해일을 막아 주기도 해야 합니다. 가정으로부터 완전한 독립이 있기 전까지 말입니다.

아이들 중에서도 독립한다고 하면서도 한편으로는 의존성을 버리지 못하는 아이도 있습니다. 이럴 경우 그야말로 부모의 히스테리와 아이의 히스테리가 부딪치면서 서로에게 큰 상처를 주고받지만, 여전히 서로 의존하는 관계에 머무릅니다. 이런 경우가 가장 심하고 요란하게 사춘기를 앓게 되는 사례들인 것 같습니다. 하지만 싸운 성과라고는 상처투성이의 의존밖에 없지요. 서로 너무 외로워하면서 말입니다.

부모님들 입장에서는 아이가 내적으로 독립하는 것을 받아들이는 것은 의식적으로나 무의식적으로 자신의 의존성 일부를 극복해야 하는 일입니다. 그런데 우리 주변에는 자식에 대한 병적인 의존으로 살아가는 부모들이 적지 않게 있습니다. 기쁨을 느낄 수 있는 유일한 존재가 자녀밖에 없는 부모님들이 꽤 많으니까요.

한 가지 말씀드리고 싶은 것은 사춘기에 들어서면 아이들이 부모로부터의 독립을 위해 투쟁을 하는데 이때 서로 너무 큰 상처를 주고받지 않는 것이 중요합니다. 불필요한 상처를 남기는 방식으로 계속 대화를 할 필요는 없습니다. 수많은 정신 분석가들은 말합니다. 아이의 감정을 받아 주고 그냥 소화하라고 말입니다. 아이들이 나쁜 감정을 내뱉으면 되받아쳐 돌려주지 말고 부모가 수용해서 처리하면 된다고 말입니다.

아이가 속이 안 좋아서 토했다고 칩시다. 그런데 부모가 화를 내면서 "아니 이게 나한테 토해? 나도 너에게 토해 주마" 이럴 부모는 안 계시지요. 아이가 마음으로 토하는 것을 부모는 받아 주고 치워 주고 소화가 잘 되도록 도와주어야 합니다. 이유 없는 화, 과장된 짜증, 침울한 태도는 마음의 구토와 마음의 소화 불량일 뿐입니다.

새로운
우상의 탄생

　우상을 잃을 때의 슬픔은 깊습니다. 신의 존재를 잃을 때 사람들은 공황 상태에 빠집니다. 믿고 의지했던 친구에게 배신을 당했을 때도 참 힘들지요. 부모의 정체를 알게 되면서 우상으로서의 부모는 사라집니다. 아이들 마음은 그런 점에서 공황 상태이고, 공백 상태입니다.

　유아기부터 초등학교 시기까지 "아빠처럼 될래! 엄마처럼 될래!" 하던 부모 동일시의 과정이 사춘기가 되면서 거의 끝이 나지요. 부모님들은 "어제까지는 아빠 엄마가 그렇게 좋다고 하더니 오늘은 아빠 엄마가 정말 짜증나고 최악이라고 하고. 이건 뭐지?" 하겠지만, 이것은 어제오늘의 문제가 아니라 그동안 아이들의 마음속에서 서서히 일어나고 있었던 일입니다.

　이제 아이들은 엄마 아빠와 자신을 동일시해서 살 수는 없습니다. 그들은 새로운 대상, 즉 내면세계에서의 동일시 대상을 엄마 아빠에서 다른 누군가로 바꾸어야만 하는 처지입니다. 이 시기부터 또래와 멘토가 그들의 새로운 동일시 대상이 되기 시작합니다. 부모라는 대상이 위치하던 그 자리에 또래 부모, 멘토 부모, 위인 부모, 선배 부모, 선생님 부모가 세워지게 됩니다.

허전하세요? 아님 허망하세요? 더군다나 요즘처럼 아이가 하나 아니면 둘인 세상에서, 자녀에게 예전만큼은 중요하지 않은 존재가 되었다는 것이 화나세요? 아니면 절대 그럴 수 없으신가요? 대학에 입학할 때까지, 결혼할 때까지, 아이를 낳을 때까지 품에서 안 내보내실 건가요? 자녀의 자녀까지도 키우실 생각인가요?

심정은 그렇겠지만 아이들은 이제 떠났습니다. 그리고 떠나보내야 하지요. 그래야 잘 클 수 있으니까요. 자녀를 집어삼킨 채로 지낼 수는 없습니다. 그러면 안 크니까요. 또 자녀를 묶어 놓고 내 마음대로 할 수도 없습니다. 자녀를 욕망의 그릇처럼 사용할 수는 없으니까요. 그러면 아이는 비어 있게 되니까요.

이 과정에서 현명한 부모님들은 옆자리로 옮겨 가서 좋은 코치로 포지션을 바꿉니다. 이제 경기는 선수에게 맡기고, 조언과 코칭을 해 줘야 합니다. 격려와 응원을 해야 합니다. 경기를 하다가 한 골을 멋있게 넣으면, 아이는 먼저 관중석에 있는 애인이나 친구, 다른 누군가에게 세리머니를 한 다음에 코치석으로 와서 포옹을 할 것입니다. 그러면 우리는 뜨거운 박수를 보내면 되고, 자랑스러워하면 됩니다. 먼 관중석에 있는 또래 혹은 애인에게 키스를 먼저 보냈다고 '저게 인간이 아니다'라고 하면 서로 민망해질 뿐입니다.

아이들이 떠났다고 걱정하지 마세요. 관계의 비중과 양식이 달라졌다는 것이지 관계가 끊어지는 것은 절대로 아니니까요. 이제 새로운 방식으로 관계하면 됩니다. 아이들이 크는 것을 존중하는 방식으로 말입니다. 아이들이 심리적으로 과거와 같은 방식으로 의존하지 않게 되었다고 해서 관심까지 끊어서는 안 되지요. 아이들은 관심은 환영합니다. 다만 간섭이 싫을 뿐이지요.

사춘기가 되면 아이들의 입에 자주 오르내리는 말 중의 하나가 "관심 좀 끊어 줄래, 엄마!"입니다. 그런데 이 말은 관심을 갖지 말라는 뜻은 아닙니다. 원뜻은 "간섭 좀 하지 말아 주세요"와 "이제는 집착하지 마세요"라는 뜻입니다.

거부하기 힘든
인증 샷의 유혹들

　요즘은 각종 소셜 미디어가 활성화되어 있습니다. 가히 홍수라고 할 만하지요. 이른바 카페인트유(카카오톡, 페이스북, 인스타그램, 트위터, 유튜브), 그리고 틱톡 등등. 이런 소셜 미디어들을 보면서 아이들은 외로움이 해결되었을까요? 아니면 더 우울하고 외로워졌을까요?

　이 질문에 대한 많은 연구자들의 답은 긍정적이지 않습니다. 흔히 '좋아요' 중독, '리트윗' 중독 등에 대해서 이야기들을 많이 하는데요. 소셜 미디어가 아이들에게 어려움을 주는 요소는 크게 두 가지가 있다고 합니다. 첫 번째는 정체성 혼란이고 두 번째는 사회적 비교로 인한 고통입니다.

　수많은 사람들을 친구로 삼고 있는 것 같지만 실제 이 소셜 미디어에서의 인간관계는 그 특성이나 관계의 질이 아주 다양합니다. 페이스북 친구가 진짜 친구처럼 현실에서도 작용하기도 하지만 그렇지 않은 경우도 많습니다. 소셜 미디어 내에서의 관계는 자신에 대한 오해를 키우기도 하고 거꾸로 사람들에 대한 오해를 낳기도 합니다. 소셜 미디어에서의 모습이 사실이기도 하고 아니기도 합니다. 사춘기 아이들은 열광을 하다 실망의 순간을 경험합니다.

더 큰 문제는 온갖 인증 샷이 넘치는 소셜 미디어로 인한 사회적 비교의 고통입니다. 맛있는 음식, 멋진 옷, 친구들이나 가족들과의 행복하고 화목해 보이는 듯한 사진들의 교류는 긍정적인 측면도 있지만 결핍의 아이들에게는 부러움이자 열등감, 질투의 힘든 감정을 주기도 합니다.

그리고 본인도 무리를 해서 인증 샷을 남기면서 비교의 세상에서 빠져나오지 못하기도 합니다. 소셜 미디어를 통한 셀럽들의 홍보나 마케팅 또한 청소년들에게는 욕망을 자극하는 중요한 원천입니다.

비교로부터 온 여러 감정들이 반복적으로 결핍감을 느끼게 하고, 과도한 소비를 자극하고, 낭패감을 주기도 한다는 점에서 많은 상담가, 학자들은 지나친 소셜 미디어에 대한 집착을 비판적으로 보고 있습니다.

소셜 미디어의 상술에서 벗어나 현실에서의 진실한 관계를 통해 균형을 이루는 안목과 지혜가 청소년들에게 절실합니다.

우정이 없다면 사춘기는 견디기 힘들다

사춘기에 들어서면서 확연히 달라지는 것 중의 하나는 친구 관계입니다. 초등학교까지 친구는 부모 다음이었지요. 청소년기에 들어서면 또래의 자리가 매우 커집니다. 이 시기는 의미 있는 또래 관계를 처음 시작하는 시기로, 친구 관계로 나아가는 징검다리 과정이라고 생각합니다.

사실 중학교 때의 친구 관계가 모든 친구 관계의 원형이라고 해도 과언이 아닙니다. 그때의 경험이 이후 친구 관계의 기초가 되니까요. 그러므로 이때 또래 관계 맺기에 실패한 아이들은 그 이후로도 어려움이 생길 수 있습니다.

미국의 정신과 의사 설리번Sullivan은 전前사춘기부터 사춘기 초기에 아주 친밀한 동성의 또래 집단이 필수적으로 존재해야 하고, 그런 또래 집단이 없으면 발달과 성숙에 좋지 않은 영향을 미쳐, 후에 정신병으로 더 쉽게 이환할 수 있다는 주장까지 하였습니다. 그리고 이를 '단짝 관계chumship'라고 했는데, 이는 동성인 또래 간의 가깝고 친밀한 상호 관계를 말합니다.

그는 단짝 관계가 '타인의 눈을 통해 스스로를 보고', '진실한 친밀감을 경험하는 최초의 기회를 부여한다'고 이야기했습니다. 동성 단짝 친구들과의 관계는 부모를 대신하는 첫 번째 내적 관계의 경험이고 자신의 가치에 대한 인식뿐 아니라 자아에 대한 실질적 인식을 도와주는 과정이라고 이야기한 것이지요. 또 단짝 친구와의 교류는 '나'의 탄생 이후 혼자만 느끼는 줄 알았던 외로움을 다른 또래들도 느끼고 있다는 것을 알게 되면서 안도감을 느끼게 합니다. 아울러 단짝 친구는 부모와 이야기할 수 없는 것들을 이야기하는 대화의 파트너가 되어 줍니다. 마음을 나누고 얘기할 새로운 창구가 생기는 것이지요. 단짝 친구와의 대화를 통하여 스스로를 단짝과 비교하기도 하고 서로의 부모를 비교하기도 합니다. 단짝 친구의 생각이 내 생각과 비교되기도 하고 부모의 생각과 비교되기도 합니다. 판단을 위한 중요한 근거 틀이 생기는 것입니다.

또래 친구, 단짝 친구는 우리가 예상했던 것보다 더 많은 영향을 미칩니다. 아이들의 정신세계는 부모로부터 친구들의 세계로 나아가게 되는 것입니다. 그래서 아이들은 이렇게 이야기합니다.

"나 빼고 우리 친구들은 다 해!", "나만 그런 게 아니라고!"

이런 말들을 보면 사춘기 아이들이 얼마나 친구의 힘으로 살아가고 있는지를 알 수 있습니다.

초등학교 때까지는 부모의 정만으로 충분할 수 있는데 중학교 이상이 되면 친구들 간의 정, 우정이 필요해집니다. 이 우정이 사춘기 아이들을 덜 고통스럽게 지내도록 하는 중요한 부분입니다.

학급이라는 집단 안에서의 친구들, 기호와 취미를 함께하는 친구들, 초등학교를 같이 다니며 같은 동네에서 자라는 친구들. 다양한 형태로 그 색깔을 달리하는 친구 집단 안에서 아이는 여러 가지 영향을 받을 것입니다. 그리고 이 친구 관계는 부모가, 선생님이 통제할 수 없는 방식으로 작동합니다. 만일 이 친구 관계까지 부모나 선생님이 완벽하게 통제한다면, 아이는 사회와 만날 수 없게 될 것입니다. 아이가 정복해 가야 하는 과정인 것이지요.

우정을 체험하고 배우고 그래서 새로운 소속감과 힘을 얻는 시기가 바로 사춘기입니다. 그런데 만일 이 친구 관계에 문제가 생긴다면 아이는 큰 충격을 받게 될 것입니다. 사이가 나빠지거나 우정을 잃는다면 방황할 수밖에 없게 될 것입니다. 엄청나게 힘든 사춘기를 보내야만 하는 것이지요. 부모가 친구를 대신해 줄 수 있다면야 좋겠지만 부모는 친구를 대신할 수 없답니다.

친구 없는 아이,
따돌림당하는 아이,
나쁜 친구를
사귀는 아이

 친구가 없는 것은 마치 부모가 없을 때 아이의 삶이 힘겨울 수밖에 없는 것처럼 아이에게는 커다란 고통입니다. 친구가 없거나 친구에게 따돌림을 당하는 아이들은 인생의 '혹독함' 그 이상을 느끼게 됩니다. 집을 떠났을 때 사람들은 무리를 이루어 광야를 건너는데, 자신은 홀로 그 광야를 가야 하는 처지에 비할 수 있지요. 5~6년의 세월을 그렇게 혼자서 광야를 건너야 한다는 것은 생각만 해도 끔찍한 경험이 아닐 수 없습니다.

 친구에 대한 필요성을 느끼지 않는 아이는 타고난 성향을 제외한다면 부모의 간섭과 방해를 지나치게 의식하는 아이일 수도 있고, 부모에의 의존 속에 안주하고 싶어 하는 아이일 수도 있습니다. 또한 아직 우정을 향해 가기에는 성숙이 덜 되어 그럴 수도 있고, 친구 관계에 필요한 사회적 능력, 예를 들자면 공감, 양보, 협상, 배려 등이 어려워서 그럴 수도 있습니다. 이런 아이들은 어쩔 수 없이 부모에게 의존할 수밖에 없습니다. 또래가 없다는 외로움을 느끼지 않으려면 무언가 대신할 것을 가져야 하니까요.

친구가 없는 아이들은 따돌림을 받는 아이들일 수도 있습니다. 따돌림에는 여러 요소가 작용하기에 따돌림을 당하는 아이들은 이런 아이들이라고 특징지어 말할 수는 없습니다. 억울하게 따돌림을 당하거나 또래들과 다른 어려움을 안고 있는 아이들도 있을 것입니다. 포용력 있고 다양성을 존중하는 관용의 문화가 형성되지 않으면, 차이가 있거나 독특한 아이들이 따돌림의 대상이 됩니다. 이는 사회적으로 해결해야 할 문제입니다. 이 문제를 극복하지 못하면 무기력한 사회가 되거나 혹은 증오가 넘치는 사회가 되기 쉽습니다.

친구는 있는데 나쁜 친구를 사귀는 경우, 절반 이상은 부모와의 문제를 반영하는 것이라고 해도 과언이 아닙니다. 부모가 자녀를 잘 받아 주지 않고 대화가 통하지 않을수록 또래에 대한 의존이 더 높아집니다. 부모와 어른에 대한 반감이 클수록 어른들만 하는 행위를 흉내 내 어른을 이겨 보고 싶은 마음이 커지기 때문입니다. 부모와 자녀 사이가 충분히 좋은 상태에서 비행 청소년이 되는 경우는 매우 드뭅니다. 나쁜 친구는 결국 나쁜 부모의 결과인 셈입니다.

흔히 비행 청소년들이 깊은 의리와 우정으로 맺어지는 것처럼 보이지만, 실제로는 그렇지 않습니다. 이들의 관계는 힘의 논리로 움직입니다. 그동안 어른들과 쌓아 온 경험과 그들 사이의 문화로 인해 거래와 교환이라는 매우 이기적인 속성을 보이지요. 모략과 배신, 거짓이 비일비재합니다. 힘의 논리에 대한 열광이 사라지면서 아이들은 비행 청소년 집단에서 서서히 빠져나가기 시작합니다.

그러나 나쁜 친구들과 어울렸다가 그 무리에서 빠져나오는 것이 쉽지 않아 때로 아예 동네를 떠나 멀리 이사 가는 것만이 해결책이 되는 경우도 있습니다. 그들이 공유하고 있는 공범 의식과 세상에서 고립되어 그들만이 서로를 위할 수 있다는 패거리 의식으로부터 빠져나오는 것은 어른들의 생각처럼 간단한 것이 아닙니다. 부모님들의 깊은 변화와 아이에 대한 사랑이 아이의 마음을 깊이 울려야만 아이는 자신의 길을 새롭게 찾아 나설 수 있게 됩니다. 그것이 안 되면 중학생 비행 청소년 중 일부가 고등학생 비행 청소년이 되고, 그중 일부가 소위 폭력 조직이나 범죄 무리의 일원이 되는 것입니다.

> 사춘기 자녀 이해를 도와주는 실전 심리학⑧
> ## 아이가 친구가 많지 않아 걱정이라면?

1. 친구 수에 대한 오해

친구가 많을 필요도 없고, 아이들 사이에 인기가 높을 필요도 없습니다. 친구의 수나 인기도가 행복한 친구와의 관계를 보장하지 않습니다.

2. 베스트 프렌드 만들기

베스트 프렌드는 꼭 필요한 사춘기의 동반자입니다. 친구를 만들려면 같이 시간을 내서 놀아야 합니다. 또 먼저 친구에게 다가가고, 단점보다 장점을 보며, 호감 등을 표현하고 관계를 맺어 나가야 합니다.

하지만 친구 역시 나와 100퍼센트 일치되지는 않습니다. 모든 면이 만족되는 친구를 바라서는 안되겠지요?

3. 자녀의 친구 문제에 대한 개입

자녀의 친구에 대해 일단 "착하고 좋은 아이"라고 해 주셔야 아이가 자신의 친구들에 대한 고민을 털어놓기 쉽습니다.

자녀의 친구가 다 좋은 아이들인데 좀 바뀌었으면 하는 바람이 있으면 이야기하고, 자녀의 친구에게까지 좋은 영향을 주도록 노력할 때 자녀의 친구 관계가 변화합니다.

자녀의 친구 문제를 너무 깊숙이 또는 직접적으로 개입하려고 하면, 아이들은 친구 문제를 숨깁니다. 간접적으로 개입하면서 인간관계의 어려움을 조언해 주시고, 친구 문제에 대해서는 긍정적으로 이야기해 주세요.

우정을 대신하는
게임과 팬덤 문화

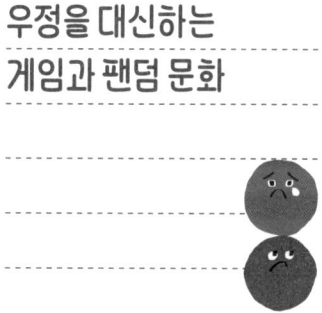

또래 관계를 포함해 사회적 어려움이 있을 때 빠져드는 가장 흔한 회피처는 남학생의 경우 대체로 '인터넷 게임'이고 여학생의 경우 '팬덤'입니다. 혼자 지내거나 혹은 친구를 회피하는 아이들이 이런 상태에 빠지게 됩니다.

인터넷 게임 중독이 심각한 사회 현상이 된 것은 오래되었습니다. 그 원인과 치료에 대한 여러 사회적 담론이 있습니다. 그중 외로움에 대한 담론은 오해의 소지가 있긴 하지만 매우 중요한 착안점이라고 생각합니다. 아이들이 견딜 수 없는 외로움에 빠질 때 그 외로움을 달래 줄 수 있는 최적의 활동 중 하나가 게임입니다. 여러 연구 결과들은 인터넷 게임에 중독된 아이들의 특징을 이렇게 묘사합니다.

'가족 구조적으로는 외동아들. 부모의 직업 형태는 맞벌이.

부모와의 관계는 소원하고 애정이 넘치지 않음. 아이의 친구 관계는 거의 없고, 또래에 비해 부모의 나이가 많은 편.'

게임에 중독된 아이가 얼마나 외로움에 처해 있는지를 보여 주는 근거들입니다.

반면 심각한 수준의 '팬덤 현상'을 보이고 연예인의 사생활까지 쫓아다니는 아이들 중 상당수는 여중생들입니다. 이 아이들은 학교 생활을 포기하면서까지 연예인을 쫓아다닙니다. 그들은 부모나 친구보다 자신이 우상처럼 섬기는 아이돌이 중요합니다. 아이돌을 위해 용돈을 모으고 심지어 돈을 훔치기까지 하며 공연장과 연예인 집 주변을 맴돕니다.

이 아이들을 인터뷰하고 난 느낌은 '정말 외로운 아이들'이라는 것이었습니다. 사랑해 줄 사람, 사랑해 줄 곳을 찾아다니다가 결국 자신의 우상인 연예인으로부터 사랑받고 싶다는 공상에 빠져 있었습니다. 적당한 수준의 팬덤으로 돌아가기에는 현실이 너무 빈곤하였습니다.

사춘기 청소년들이 열광하는 것을 무조건 금지하거나 문제시해야 하는 것은 아닙니다. 그것이 과하지만 않다면 권장할 만도 합니다. 그러나 병적인 집착이나 과도하고 무리한, 비현실적인 공상에 기초한 열광은 깊은 상처만 남깁니다. 결국 무기력해지고 또 버림받았다는 느낌만 남게 되니까요. 반드시 그렇진 않지만 부모나 친구 관계가 이 공허함과 허전함에 영향을 미칩니다. 이 관계가 잘 풀리지 않을수록 허망한 관계에 대한 추구와 공상적 집착이 강해진다고 생각합니다. 본인이 있는 곳에서 만족스럽고 편안한 마음을 느낄 수 있는 대상이 없을수록 말입니다.

제가 만났던 한 아이는 게임으로 인해 학교를 가지 않게 된 중학교 2학년 남자아이였습니다. 부모님은 학교에 가기로 한 약속을 수차례 어긴 아이를 병원에 입원시켰습니다.

아이는 게임을 많이 하느라 잠을 못 자서 학교에 가기 어려웠다고 했습니다. 입원한 아이는 게임을 하지 못하자 불편해 했지만 며칠 뒤 괜찮아졌는데, 다른 어려움을 호소했습니다. 1인실로 병실을 바꾸어 달라고 하는 것이었습니다. 게임도 문제지만 아이는 부모가 알고 있는 것과는 달리 사람들과 지내는 데 큰 어려움이 있었던 것입니다. 이야기를 자세히 들어 보니, 초등학교 5학년 때 따돌림을 받았던 것이었습니다. 하지만 아이는 자신의 사회성에 대해 문제 삼는 것을 강하게 부인했습니다. 자신은 친구가 많고 사람들과 지내는 것에 큰 불편이 없다고 주장했습니다. 입원 후 2주일이 지나자 자신에게 기회를 달라고 했습니다. 학교도 가고 친구도 만나고 게임은 취미 수준으로 줄여서 아무 문제없게 하겠다고 주장을 했고, 부모님은 마음이 흔들려서 아이를 퇴원시켰습니다.

하지만 퇴원 후 1주일도 지나지 않아 밤새워 게임을 해서 다시 학교에 갈 수 없게 되었습니다. 아이는 약속대로 재입원을 했습니다. 재입원을 하고 며칠이 지나서야 아이는 친한 친구 한둘을 제외하고는 학교에 친구가 없다는 것과 학교 친구들을 어떻게 대해야 할지 모르겠다고 고백했습니다. 자신과 아이들 간에는 이미 여러 방면에서 큰 격차가 있어서 아이들과 있기가 힘들다고 했습니다. 실은 그 친한 친구 한둘도 지금은 멀어진, 아이의 생각만큼 친한 사이는 아니었습니다.

초등학교 때의 왕따 사건 이후 자신감이 저하되고 중학교에 올라오면서 아이들과 지내는 것에 대한 두려움에 처했을 때 게임이 아이에게 그 두려움을 망각하고 지낼 수 있도록 도왔다고 합니다. 그래서 게임에 빠졌고, 그럴수록 아이들과 어울리는 것이 망설여졌고 자신과는 다르다는 느낌을 가졌다고 합니다.

여러 논의 끝에 아이는 기숙형 대안 학교를 다니게 되었습니다. 작은 규모의 학교에서 친구 관계를 도와주는 선생님들의 코칭을 받으며 한 학기를 다닌 후 방학 기간에 잠깐 다시 만났습니다. 아이는 훨씬 나아 보였습니다. 여전히 게임을 하고 있었지만 학교에서 사귄 친구들과 함께하는 취미 수준이었고, 방학 때 그 친구들과 여행을 갈 계획이라고 했습니다. 소속감을 느낄 수 있는 친구들이 생겼고 이에 대해 자신 있게 말할 수 있는 아이가 되어 있었습니다.

인터넷 게임 중독을 치유하는 한 방법이 바로 친구를 얻게 하는 것이라는 제 생각을 확인할 수 있었습니다.

친구는
제2의 가족

　사춘기 시기에 친구는 사회적 자아의 탄생을 알리는 필수적 대상이라는 것을 부모님들이 알았으면 합니다. 그러므로 있으면 좋고, 없으면 그만인 것이 아닙니다. 친구 때문에 시간을 허비할 필요가 없다는 식의 잔소리는 인생에 대해 정말 모르는 부모들이나 할 소리입니다. 친구는 정말 소중한 것이고 내 아이에게 아주 중요한 대상이며, 아이들에게 새로운 소속감과 정체감을 가져다 주는 정말 필요한 환경 중 하나입니다.

　그러므로 중학교 1·2학년 때 친한 친구 그룹을 가지지 못하는 것은 생각보다 매우 괴로운 일일 뿐 아니라 아이들의 존재감에 위협을 주는 일임을 알아야 합니다. 부모님들이 해야 할 일은 좋은 친구를 사귀고 우정을 쌓아 가도록 친구와 잘 지내는 지혜를 가르치는 일입니다. 부모를 떠나 사춘기라는 징검다리를 건널 때 물에 빠지지 않도록 잡아 주는 첫 번째 동반자가 친구이기 때문입니다.

코로나를 거치면서 우울, 외로움, 불안, 사회적 소속감에 대한 결핍은 더 큰 사회적 이슈가 되었습니다. 특히 그중에서도 소속감의 결핍과 부재는 외로움을 강화시키고 우울로 청소년들을 밀어 넣는 더 큰 요인이라고 알려졌습니다.

우리나라 청소년들은 특히 학교와 집 이외의 다른 사회적 집단에 대한 소속감이 부재해서 더욱 큰 외로움을 느끼고 있습니다. 학원에 엄청난 시간을 쏟아붓는 생활을 하지만 학원에 대한 소속감을 느끼는 아이들은 거의 없습니다. 아이들의 생활 속에서 종교, 지역 사회, 동아리, 확대 가족 공동체 등 소속감을 보완해 주거나 대체해 주는 기관이나 조직, 공동체가 우리는 거의 없습니다. 그만큼 청소년 생활이 획일화되고 다양성이 없으며, 또 인간관계의 부재가 지배를 하고 있습니다.

사춘기와 청소년 전반에 있어서 친구 집단과 집단 소속감의 부재는 정체성, 자긍심을 형성하는 데 큰 결핍과 곤란을 만들며, 심리적 안정감을 파괴합니다. 친구는 제2의 가족이며, 친구 집단은 소속감을 만들어 주는 강력한 사회적 안전 기지입니다. 적어도 다음과 같은 소중한 기능을 합니다.

- 정서적 연결

- 소속감을 통한 심리적 안정
- 사회적 지지
- 스트레스 해소의 제공
- 학업이나 다양한 활동의 공유나 자극
- 놀이 활동의 공유
- 사회 기술, 사회 규범의 학습
- 정보의 제공과 공유

자녀에게 소속감을 주는 집단을 소개하는 것은 심리적 안정감과 행복감을 주는 일 중 하나입니다. 물론 자녀가 호감을 갖고 참여에 관심을 둘 수 있는 집단이어야겠지요.

강연에서 어떤 어머님이 이런 질문을 했습니다.

"친구가 정말 중요한 건 잘 알겠어요. 그런데 아이가 친구 이야기를 하지도 않고, 또 간혹 하더라도 엄마가 자기 친구에 대해 뭐 안 좋은 말이라도 할까 봐 정말 예민해요. 이럴 땐 어떻게 하면 좋을까요?"

부모님들이 조심해야 할 것이 있습니다. 자녀의 친구들에 대해 부모님이 긍정적으로 이야기하는 것이 중요하고, 그 친구들이 참 좋은 친구들이라고 말해 주는 것이 필요합니다. 아이들은 친구와 자신을 동일시하므로, 친구를 나쁘게 얘기하면 자기 자신도 나쁜 아이라는 느낌이 듭니다. 그래서 아이들은 친한 친구에 대해 좋지 않게 얘기하면 화를 내지요. "괜찮은 친구인 것 같더라"는 식의 대응이 필요하고, 설사 마음에 안 들더라도 "착한 아이인 것 같더라" 정도는 말해 줘야 합니다. 그래야 아이가 이야기를 꺼내기 시작할 것입니다. 또 너무 자세히 알려고 하는 태도도 아이가 입을 닫게 합니다. 아이가 알려 주는 정도만 듣고 나중에 또 기분이 날 때 자세하게 듣는 태도가 필요합니다.

강연에서 이런 질문도 있었습니다.

"친구 관계에 어떻게 개입을 해야 하지요? 저는 사실 그 애랑 정말 안 사귀었으면 좋겠는데 꼭 그 아이와만 어울린단 말이에요. 어떻게 해야 좋은 친구를 사귀게 할 수 있을까요?"

친구에 대한 개입은 나이가 들수록 직접적일 수 없습니다. 그야말로 간접적인 모니터링이고 간접적인 개입을 하는 것이지요. 친구를 사귀고 우정을 쌓는 것에 관한 부모님의 경험을 이야기하거나 지혜를 알려 주어야 합니다.

저는 '공동 부모 역할법'에 대해 이야기를 자주 합니다. 아이 친구를 집에 자주 놀러 오게 하고 관심을 보여서 내 아이가 부모의 보살핌을 잘 받고 있고, 부모가 모니터링을 자주 하고, 부모가 둘 사이가 잘 발전하는 데 관심이 많다는 것을 보여 주는 것이 필요합니다. 공동 부모 역할법이란 그 친구의 부모와 연락을 하고 둘이 좋은 관계가 되도록 상의하고 함께 대응하는 것을 말합니다.

학교만 마치면 PC방에 가는 서너 명의 아이들이 있었는데, 그중 두 아이의 부모가 서로 연락해 가족들이 만나서 맥도날드도 같이 가고 삼겹살도 같이 먹고 하니까 PC방에 가는 일이 훨씬 줄어들었다고 합니다. 사춘기 아이에게 친구를 비난하면서 "만나지 마라!"라는 식으로 접근하는 방법은 상처만 남길 뿐 아니라 효과적인 방법도 아닙니다.

사춘기 뇌는 공사 중

 사춘기에 관해 이야기하면서 몸의 변화와 함께 뇌의 변화를 이야기하는 것은 참 필요합니다. 뇌에 관한 이야기는 이 시기의 아이들을 이해하는 것에도 도움을 줄 뿐 아니라 어떤 행동을 권해야 하는가에도 도움을 줄 수 있기 때문입니다.

 사춘기 아이들의 뇌는 물리적으로 뇌세포들 간 연결에 있어 구조적으로 커다란 변화를 경험합니다. 동시에 화학적으로 2차 성징과 관련된 성호르몬을 포함하여 여러 호르몬과 신경 전달 물질상의 변화가 뇌의 변화를 추동해 나가게 됩니다. 최근 학계에서 밝혀낸 것을 정리하면 다음과 같습니다.

1. 가지치기의 효과 – 쓰는 대로 달라진다

청소년기에 일시적으로 시냅스*가 대폭 늘어나면서 뇌 속의 여러 뉴런**들의 연결망이 폭주했다가 점차 줄어들기 시작합니다. 중요한 것은 청소년기와 성인 초기에 이르기까지 이 신경망의 가지치기가 일어난다는 점입니다. 청소년기에 자주 사용하는 뇌 신경망은 발달하고 그러지 않는 뇌 신경망은 가지치기를 통해 사라집니다.

여기에서 청소년기 뇌 사용의 중요성이 크게 대두된다고 할 수 있습니다. 자주 사용하는 신경망은 점점 더 발달하고 사용하지 않는 신경망은 가지치기를 통해 없어지는데, 이 시기에 게임만 하고 자연을 탐험하거나 모색하는 신경망을 거의 쓰지 않으면 게임 관련 신경망, 즉 중독 관련 신경망은 살아남지만 자연 탐험 신경망은 추후에 활용하기 어렵게 된다는 뜻입니다. 청소년기에 어떤 뇌 부분을 활용하느냐는 이 가지치기라는 뇌의 생리와 관련하여 엄청난 의미를 갖습니다.

2. 위험한 행동을 감수하게 하는 테스토스테론

2차 성징과 관련된 성호르몬인 테스토스테론***의 분비가

---

*   두 신경 세포 사이나 신경 세포와 분비 세포, 근육 세포 사이에서 전기적 신경 충격을 전달하는 부위.
**   신경 세포를 말함.

폭주하면서 뇌의 여러 부위에 자극을 전달하게 됩니다. 2차 성징을 포함한 근육의 발달과 더불어 지방 분비선도 발달하고, 체액에서 냄새도 나게 됩니다. 테스토스테론은 여자아이에 비해 남자아이에게서 10~12배 이상 분비되는데, 이 때문에 남자아이들의 위험한 행동이나 공격적인 행동이 훨씬 더 늘어나게 됩니다.

3. 공격적인 행동을 추구하게 하는 도파민

청소년기 초기에는 행복감과 스릴감을 느낄 수 있는 도파민****의 양이 줄어듭니다. 그렇기 때문에 사춘기 시기에 아이들은 도파민 분비가 촉진되는 행동을 증가시킴으로써 행복감과 스릴감을 느끼고자 합니다. 도파민 분비를 촉진시키는 행동은 위험한 행동, 공격적인 행동, 보상을 주는 행동들입니다. 그러므로 청소년기 아이들, 특히 남자아이들은 뇌에서의 도파민 분비 감소로 위험한 행동을 쉽게 하게 됩니다.

*** 남성성을 만드는 호르몬으로 사춘기에 급증한다. 남자는 정소에서, 여자는 난소와 부신에서 소량 생산된다. 성적 충동뿐 아니라 사춘기 여드름과도 관련이 깊다.
**** 중추 신경계에 존재하는 신경 전달 물질로서 아드레날린, 노르에피네프린의 전구체이기도 하다. 신경 신호 전달뿐만 아니라 의욕, 행복, 기억, 인지, 운동 조절 등 뇌에 다방면으로 관여한다. 뇌에 도파민이 과다하거나 부족하면 ADHD, 정신 분열증, 치매 증상을 유발하기도 한다.

4. 조절력의 차이를 보이게 하는 세로토닌

조절과 판단, 기분에 작용하는 세로토닌*의 분비는 청소년기 남자아이와 여자아이들에게서 차이가 납니다. 일반적으로 남자아이들이 여자아이들보다 세로토닌의 분비가 적어 그 결과로 남자아이들이 조금 더 자신을 조절하기 힘들어할 수도 있습니다.

5. 늦게 자고 낮에도 자게 하는 멜라토닌

청소년기에 들면 멜라토닌** 분비 패턴이 달라집니다. 아동기와 성인기 때와 달리 멜라토닌이 낮 동안에 서서히 상승합니다. 그러므로 학교에 오자마자 어떤 아이들은 졸기 시작할 수 있습니다. 아이들을 밤늦게까지 깨어 있게 하고 학교에서 낮잠을 자게 하는 것이 멜라토닌의 분비 패턴의 변화로 인한 것일 수도 있습니다.

6. 생각보다 행동이 앞서게 하는 해마와 편도체의 질주

아이들은 아직 전두엽***과 뇌 부위가 충분히 연결이 되지 않은 상태입니다. 뇌로 전달되는 여러 신호와 자극, 정보들이 전

---

*   신경 전달 물질의 하나로 혈관 수축 등에도 관여하지만 기분, 조절, 식욕 등에도 관여하고 우울증과 관련이 깊어 '행복 신경 전달 물질'이라는 별명도 있다.
** 뇌에서 만들어지는 호르몬으로 수면과 각성을 조절한다. 생체 리듬을 조절하며 생식 호르몬에도 영향을 미친다.

두엽에 의해 판단, 사고, 성찰되어야 하는데 그런 감시나 조절, 편집 기능의 작동이 미약한 상태이지요. 그래서 특정한 정보나 위협에 해마****와 편도체*****가 더 먼저 반응합니다. 이 시기의 아이들이 자주 보이는, 생각을 통해 여과된 행동이 아니라 생각 없이 즉각적으로 반응하는 행동이 많은 이유입니다. 대니얼 골먼이 말한 'High Road'가 아니라 'Low Road'가 더 활성화될 수 있습니다******.

대니얼 골먼은 사회성 지능에 대한 이야기를 하면서 사회성이 발달하고 사고력이 뛰어날수록 High Road, 즉 고차적 사고 기능에 의한 경로를 더 많이 활용하게 되고, 충동적이고 즉각적일수록 반사적 경로, 해마와 편도체를 활용하는 Low Road를 더 많이 활용하게 된다고 표현했습니다.

해마와 편도체는 또한 기억과 행동에도 깊이 관여합니다. 해마는 충격적인 기억들을 조절하는데 그 기능이 충분하지 않

*** 뇌의 앞부분으로 동물이 진화하면서 점차 발달하는 뇌 부위이다. 인간은 다른 동물에 비해 가장 발달한 전두엽을 갖고 있다. 기능적으로도 전두엽은 인간의 사고와 관련된 고등 기능들을 주로 담당하고 있다.
**** 해마는 뇌의 다른 부위로 신호를 전달하는 중요한 원심성 신경 섬유 역할을 한다. 학습과 기억에 관여하며 감정, 행동 및 일부 운동을 조절한다.
***** 편도체는 뇌의 변연계limbic system에 속하는 구조의 일부로서 동기, 학습, 감정과 관련된 정보를 처리하는 데 중요한 역할을 한다.
****** 대니얼 골먼의 『사회지능』(웅진지식하우스)에 나오는 표현. 전두엽을 경유하는 경로 High Road는 고등 사고 기능을 통해 작동하는 뇌의 기능을, Low Road는 전두엽을 통과하지 않는 경로에서 작동되는 반사적, 감정적 뇌의 기능을 의미한다.

을 수 있습니다. 편도체는 급작스럽고 충동적인 공격 반응을 할 수 있게 해 주고, 아울러 편도에서의 반응은 부신*을 자극하여 스트레스 호르몬**의 분비를 늘릴 수도 있습니다. 그러면 스트레스의 강도가 높아지기도 합니다.

성숙한 어른은 다른 사람의 표정을 읽는 데 전두엽을 활용하는 반면, 청소년기에는 편도체가 더 많이 활용되어 복잡한 감정을 읽어 내는 데 청소년이 더 어려울 수도 있습니다. 전두엽에 의해 정보가 가공되고 판단되는 양이 부족한 상태인 것이지요.

7. 따뜻한 유대를 강조하는 옥시토신

옥시토신***은 사랑과 유대의 호르몬으로 밝혀져서 관심을 많이 받고 있습니다. 남자아이들에게 테스토스테론의 분비가 극적이라면, 여자아이들에게는 옥시토신의 분비가 더 많습니다. 그래서 여자아이들은 관계를 강조하는 성향이 더 강해집니다. 남자아이들도 옥시토신이 분비되지만 여자아이들에 비하면 매우 부족하고 일시적으로 상승되었다가 감소됩니다.

---

* 좌우의 콩팥 위에 있는 내분비샘으로 여기에서 부신 호르몬이 분비된다.
** 부신 피질에서 분비되는 코르티솔로서 스트레스를 받을 때 분비가 늘고 이로 인해 신체의 각 부위에 영향을 미친다.
*** 뇌하수체 후엽에서 분비되는 호르몬으로 자궁 수축 및 분만과 관련되어 있는 호르몬이다. 근래 들어 신뢰, 애착과 관련된 호르몬으로도 알려지게 되었다.

뇌 발달의
남녀 차이

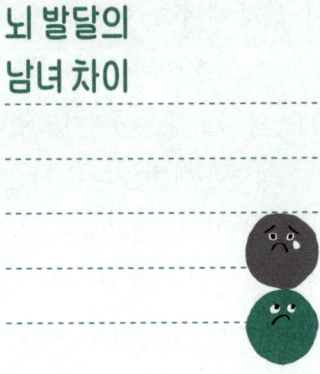

　뇌 발달의 남녀 차이도 사춘기가 되면 더 커집니다. 아마 이것은 남녀 뇌의 진화적 차이이기도 할 것입니다. 여학생들이 더 빨리 조숙해지고 현실적이면서 성숙해지는 것은 여성들의 뇌 발달이 남성보다 다소 빠르기 때문일 것입니다. 하지만 어른이 되면 차이는 있지만 성숙도에 있어서는 개인 차이가 더 중요한 문제가 될 수도 있습니다.

　뇌 발달에서의 남녀 차이는 크게 10가지가 있습니다.

　첫째, 남자아이들의 뇌에 비하여 여자아이들의 뇌 활동이 15~20퍼센트 더 많은 편입니다. 여자아이들은 더 많은 뇌 연결망과 신경 중추를 활용합니다.

　둘째, 남자아이들은 뇌의 활동을 차단하는 횟수가 여자아이들에 비해 더 많습니다. 그러므로 남자아이들이 멍하게 지내는 시간이 더 깁니다.

　셋째, 남자아이들은 활동적인 것에 더 자극을 받기 때문에 차분히 앉아서 하는 일에 지속적으로 주의를 집중하기가 어렵습니다. 그러나 뇌 우반구의 공간에 대한 중추는 남자아이들이 여자아이들에 비해 훨씬 더 발달해 있습니다.

　넷째, 테스토스테론은 남자아이들의 분비가 많은 반면 옥시토신·세로토닌 등의 분비는 여자아이들에게 더 많습니다. 그래서 남자아이들이 더 공격적이고, 덜 관계 중심적이며, 자기 조절이 더 어려울 수 있습니다.

　다섯째, 여자아이들은 언어·감정 중추를 더 많이 활용하는 반면, 남자아이들은 행동과 관련된 중추를 더 많이 활용합니다.

　여섯째, 남자아이들은 해마·편도체를 통한 자극과 신경 회로를 더 많이 사용하는 반면, 여자아이들은 전두엽을 활성화시킬 가능성이 더 높습니다.

　일곱째, 남자아이들에 비해 여자아이들이 멀티태스킹을 더 잘할 수 있습니다. 여자아이들은 한 번에 여러 중추를 활용하는 것이 가능하지만 남자아이들은 한 번에 제한된 중추를 활용하는 것으로 나타납니다.

　여덟째, 여자아이들에게 소근육 활동의 발달이 빨리 일어나 글 쓰고 그림 그리는 활동들을 남자아이들에 비해서 더 일찍 잘할 수 있습니다.

아홉째, 남자아이들의 해마 활동성이 여자아이들에 비해 떨어집니다. 그래서 남자아이들은 연관된 일들을 기억해 내지 못하지만 여자아이들은 주변 기억을 활용하여 더 잘 대처할 수도 있습니다.

열째, 남자아이들의 신경 전달 물질, 호르몬의 분비는 불규칙하고 높낮이의 변동이 큰 반면, 여자아이들의 신경 전달 물질이나 호르몬의 분비는 비교적 주기적이고 규칙적인 편입니다. 남자아이들이 예측하기 어려운 측면이 더 많다는 것은 이런 호르몬 분비의 패턴을 통해서도 알 수 있습니다.

이를 종합해 보면, 여자아이들보다 남자아이들에게 더 많은 지원과 도움, 적절한 배려가 필요한 것으로 생각됩니다. 그러고 보면 중고교에서 날이 갈수록 여학생이 두각을 나타내는 것은 학교 시스템 자체의 영향일 수도 있습니다. 특히 우리나라처럼 주로 한자리에 오래 앉아서 별 자극 없이 장시간의 집중을 요하는 학업 시스템에서는 더욱 그럴 것입니다.

이상으로 청소년기 뇌의 여러 가지 특징들 중 대표적인 것들을 소개해 드렸습니다. 청소년기에 급격하게 일어나서 진행되고 있는 변화들을 비유해서, 많은 뇌 과학자들은 청소년기의 뇌를 '공사 중인 상태의 뇌'로 표현하기도 합니다. 청소년기의 뇌는 계속 자라면서 폭발적인 호르몬 분비와 지속되는 가지치기를 진행합니다. 사령탑 역할을 하는 전두엽은 충분히 발달되어 있지 않아 미숙한 상태로 작동됩니다. 한마디로 잘 훈련되지 않은 장교가 사춘기 시기라는 전투의 지휘를 맡아 실패, 실수, 패전과 승전을 반복하면서 전진해 가고 있는 상태입니다.

청소년기 문제 행동 뒤에는 이러한 뇌의 생리적 작동 기제가 있으니 우리가 뇌의 생리를 잘 파악해 이 시스템이 조금 더 안정되게 발달하도록 도와줄 수 있을 것입니다. 아직 전두엽이 제대로 작동하지 않는 상태를 지원해 주는 체계가 필요한 것이지요.

이런 부모가 되어 주세요

- ✔ 아이에게 가능한 것과 불가능한 것, 할 수 있는 것과 없는 것의 한계를 명백하게 해 주세요. 이것 또한 아이가 자신을 조절하고 책임을 배우는 데 아주 필요한 것입니다. 단, 불가능한 것이 지나치게 많으면 소용이 없으니 명심해 주세요.

- ✔ 자녀의 친구를 욕하지 마세요. 아이들은 그것을 자신에 대한 욕과 동일하게 생각하니까요.

- ✔ 인터넷 게임, 팬덤 등은 모두 허전한 마음을 달래는 일입니다. 이런 것에 빠져 있을 때 아이들이 외로운 것임을 알아주세요.

- ✔ 청소년기에 많이 활용하는 뇌의 기능이 발달한다는 것, 즉 많이 쓰는 부분이 많이 자란다는 것을 알고 자녀에게도 설명해 주세요.

- ✔ 생리적으로 일어나는 변화를 꾸짖는 어리석음을 줄여야 합니다. 예를 들어 잠의 증가를 게으름으로, 피부 트러블의 증가를 깔끔하지 않은 것으로 꾸짖는 것은 금물입니다.

6부 → **아무것도 하고
싶지 않은 아이들**

아이들이 무기력한 이유

"아이들이 아이들답지 않다. 호기심도 없고 도전 욕구도 없다. 귀찮은 것을 너무 싫어한다."

"뚜렷하게 장래 희망을 갖는 아이들이 없다. 매사에 의욕이 없다."

"아이들이 힘든 것을 너무나 싫어한다. 편하려고만 한다."

어느 때부터인가 상담을 의뢰한 부모님이나 선생님들이 흔히 하는 말입니다. 1990년대까지만 하더라도 비행 청소년이나 약물을 하는 청소년들의 '갈등'에 대한 상담이 주를 이루었다면, 최근에는 이렇게 '무의욕, 무도전, 무희망'과 같은 '결핍'을 호소하는 상담이 주를 이룹니다. 시대는 더 풍요로워지고 국민들의 총수입은 높아져서 더 윤택한 생활을 하고 있음에도 불구하고 아이들은 왜 이런 결핍을 보이고 있을까요?

저는 아이들의 문제는 이 사회의 문제라고 생각합니다. 이 시대를 어떻게 규정하느냐 하는 것은 학자들에 따라 입장이 다르겠지만, 저는 현재의 한국 사회를 결핍 사회라고 생각합니다. 결핍이 무기력하면서 냉소적이고 세상을 조롱하는 태도를 갖게 한다고 생각합니다. 이런 결핍이 만들어지는 사회 심리적인 요소들을 제가 사회학자는 아니지만, 제 임상적 경험에 근거하여 사례를 중심으로 말해 보고자 합니다.

사랑의 결핍을 만드는 가족 구조

제가 첫 번째로 말씀드리고 싶고 또 가장 많은 이야기를 하고 싶은 부분은 가족의 사회적 구조의 변화입니다. 최근에 통계청에서 조사한 세대별 인구수 현황을 보면, '나홀로' 살아가는 가구 수가 34.5퍼센트(2022년 현재)에 육박한다고 합니다. 또 세대별 인구 수가 2명(2.25명)을 가까스로 넘는다는 조사도 있습니다. 핵가족을 넘어 '극 핵가족'이라고 불리는 초미니 가정이 점차 늘고 있습니다.

간혹 가정의 중요성을 부인하는 학자들도 있지만 발달학자나 정신 의학자가 보는 관점에서 이런 극 핵가족, 초미니 가정은 의미하는 바가 매우 크다고 할 수 있습니다. 가족은 다른 결핍을 잉태하는 본산이기도 합니다. 더군다나 이런 초미니 가정의 부모가 맞벌이 형태의 취업을 하고 있다면, 아이들이 어려움에 직면할 수 있는 위험성은 훨씬 더 높다고 봅니다.

"아이는 어머니, 아버지와 산다. 부모님은 모두 직장에 다니고 늦게 오는 날이 많다. 그런 날이면 아이는 학원을 다녀온 후 혼자서 밥을 차려 먹고 인터넷 게임을 하다 잠든다. 아이는 어느 때부터인가 학원을 가지 않거나 학교에서 무단 조퇴를 하기 시작했고, 당황한 부모가 아이를 데리고 왔다. 아이는 매우 무기력하고 의욕이 없었으며, 관심 분야도 아주 축소된 상태로 게임과 그에 관련된 친구들 이외에는 다른 것에 관심이 없었다. 부모는 교육열이 높은 편이었지만 상대적으로 자신들의 자아 성취 욕구도 높았다. 그런 부모들 입장에서 아이는 도저히 이해가 되지 않았다. 그러다 보니 갈등이 심해졌다. 아이를 돌봐 줄 만한 친인척이 없는 상태였다. 부모는 자신의 삶을 바꾸고 싶어 하지 않았다. 아이는 아주 불행하지도 않지만 아주 행복하지도 않다고 이야기했고, 부모와는 정서적으로 상당히 멀어져 있었다……."

한국의 대도시에서 살아가는 많은 가정의 실상이 이렇습니다. 학교와 학원, 또래 아이들이 아이를 키우고 부모는 아이의 생활을 기획(방과 후 시간을 보낼 장소를 짜 주는 것, 대부분은 사교육에 아이를 보내는 것임)하거나, 모니터하고(좋게 말했을 때. 나쁘게 말하면 방치라고 할 수 있음), 경제적으로 지원하고(돈을 내고), 몸으로는 어쩔 수 없지만 마음으로는 애써 신경(대부분은 부모의 높은 기대를 담은 잔소리를 해 대는 시간임)을 쓰려고 합니다. 여기에다 부부 사이까지 좋지 않아서 아이들에 대한 책임을 서로 떠밀고 있다면, 이런 가정의 아이들은 살맛이 나기 어렵습니다.

인생의 가장 큰 에너지는 가족의 충만한 관심과 사랑의 교류에서 나오는데 이 본질적 영양소가 결핍되어 있는 상태에서는 의욕적이고 도전적인 아이들이 나오기 쉽지 않습니다. 친한 사람과 얘기를 하면서 동기 부여도 되는 것이지 잠깐 보는 권위적 대상의 감동 없는 잔소리는 영향력이 적습니다.

우리는 이런 가정의 결핍이 주는 결과를 처절하게 경험하고 있습니다. 저는 심지어 아이를 아예 내보내서 지내게 하는 가정도 보았습니다. 기숙사도 아닌 원룸에서 아이 혼자 혹은 과외 교사인 대학생과 지내게 하는 것은 사회적 가족으로서의 역할을 포기한 것이라고 봅니다.

이에 대한 해결책을 당장 찾기란 쉽지 않을 것 같습니다. 하지만 뚜렷한 대책이 나오기 전이라도 이런 가정의 회복과 결핍의 위험을 예방할 수 있도록 협력과 관심, 지지, 네트워크가 필요하다고 생각합니다. 사랑과 돌봄의 소규모 가족 공동체들을 통한 '돌봄 품앗이' 같은 대안을 생각하는 분들도 있는 것 같습니다.

희망의 결핍을 만드는 줄 세우는 사회

무기력과 무의욕을 양산해 내는 또 다른 주된 이유는 유일하게 큰 관심이 그저 '공부'밖에 없다는 것입니다. 공부도 개성을 고려한 흥미롭고 다양한 공부가 아니라 오직 '입시'와 관련된 공부뿐입니다.

내 자식만은 명문대를 보내고 싶어 하는 부모들 때문에 아이들은 유치원 때부터 끊임없는 평가에 시달립니다. 초등학교에서도 시험, 경시대회, 학원에서 개최되는 다양한 등급 시험을 치르지요. 문제는 이런 시험들이 모두 입시를 향한 훈장 모으기처럼 되어 버리는 경우가 많다는 데 있습니다. 아이들은 너무 어린 시절부터 수많은 평가를 받아서 직감적으로 자신이 무엇을 하는 것이 더 나은지 알고 있을 수도 있습니다. 하지만 부모님들은 아이들의 생각과 능력에 관계없이 오직 한 방향, 입시 공부로만 아이들을 몰아갑니다. 사실 아이들은 이런 상황이 두렵습니다.

> 정말 공부하기 싫어요. 평가받는 것이 두려워요. 저는 그렇지 않은데 엄마 아빠가 자꾸 제 소질이 공부래요.
> 저는 만화를 그리고 싶어요. 부모님들은 그게 절대 먹고살 만한 일이 될 수 없다고 해요. 제가 좋아하는 일은 굶어 죽을 일이어서 무조건 공부를 해서 일류 대학을 가야 한다는 거예요.

그것이 냉혹한 현실이래요. 자식이라고는 저 하나거든요. 그러면서 공부도 잘하고 미술도 잘하는 엄마 친구분의 자녀를 예로 드는데, 저는 그런 소리 듣는 것이 죽기보다 싫어요. 차라리 그냥 포기하고 지낼래요. 내가 좋아하는 것도 하지 않는 대신, 부모가 좋아하는 것도 하지 않을 거예요. 99

이 이야기는 한 여고생의 이야기입니다. 이 아이는 학교 선생님에게 자해를 한 흔적이 발견되어 저와 상담을 하고 있습니다. 한마디로 불행한 삶을 살아가고 있는 아이였습니다. 획일적 평가 체계 속에서 원하는 것을 하지 못하게 된 아이는 그냥 꿈을 닫아 버리는 것으로 부모와 이 사회에 반항을 하고 있습니다. 희망을 잃고 지내는 것에 익숙해진 아이들은 그래서 의욕이 없고 무기력해 보입니다.

그런 시간이 길어지면 다 귀찮아지고 무기력 상태로 빠지는 것입니다. '접근 금지' 당한 꿈을 속으로 밀어 넣은 채, 억지로 공부를 한다고 해도 그것은 공부로부터의 소외를 낳을 것이며, 그런 소외된 공부로 학벌을 쌓으면 공부보다는 엉뚱한 것에 신경을 쏟게 됩니다. 우리는 지난 몇십 년간 이런 소외의 악순환을 경험해 왔습니다. 참 어렵습니다.

성찰의 결핍을 만드는 미디어의 영향

끝으로 아이들의 무기력과 관련하여 인터넷과 휴대폰, 그리고 다양한 미디어의 영향도 거론할 필요성이 있다고 봅니다. 가정이 잃어버린 시간에, 학교가 놓친 시간에, 사회가 기회를 주지 않는 시간 동안 아이들은 속속 이 세계로 모여들기 시작합니다. 이 거대한 온라인 세계(어떤 이들은 지하 세계라고도 합니다) 혹은 미디어 세계가 어찌 보면 아이들의 실제적 지배자입니다.

일부 아이들은 마치 자신의 생활 중 1초의 빈틈도 허용하지 않겠다는 자세로 핸드폰, 인터넷, 게임기, 만화, 케이블 TV, 판타지 소설 등을 연달아 이용합니다. 조금 과장하면 이들 미디어에서 눈을 떼는 순간이 없는 것이죠. 다른 것은 돌아볼 겨를이 없습니다. 미디어의 시간과 공간에 계속 접속되어 부유하고 웃고 떠들고 있습니다. 멈춤이 없는 이 행진에서 아이들은 곧잘 자신에 대한 성찰과 비판적 사고를 잃는 것 같습니다.

선생님들이 이런 아이들의 영혼을 되돌리려 하지만 실패로 끝납니다. 선생님들이 열심히 준비한 정보 통신 기술을 활용한 수업보다 밤새 한 게임의 흥미진진한 전투와 동영상이 훨씬 재미있거든요. 이미 오래전에 인터넷에서 '밤새 전투를 치른 전투병이 휴식할 곳은 낮 동안의 학교라네'라는 제목의 시를 본 기억도 납니다.

아이들은 그런 기분에 취해 살아가고 있는데 저는 마약의 효과와 별반 차이가 없다고 생각합니다. 약물에 취해 사는 사람들은 깨어 있는 동안 고통스럽기 때문에 계속 약물을 할 수밖에 없듯, 아이들도 미디어와 스크린에서 눈을 떼면 무언가 고통스럽습니다. 고통스럽기까진 하지 않더라도 적어도 덜 재미있습니다.

처음부터 무기력한 아이는 없다

아이들의 무기력함은 우리가 살아온 삶의 결과를 보여 주는 것입니다. 처음부터 게으르고 귀찮아서 무기력함을 자신의 운명으로 선택하는 아이들은 없습니다. 무기력을 아이들만의 전적인 잘못으로 호도하지 않기를 희망합니다.

인간은 배움의 본능을 타고납니다. 행복의 본능을 타고납니다. 무기력이나 불행은 그 본능적 추구를 가로막는 사회에서 나타납니다.

저는 그래서 요즘 결핍에 대항하는 말로 '충만함'이라는 말을 많이 씁니다. 충분함이 양적인 표현이라면 충만함은 질적인 표현이지요. 한국의 부모나 교사들에게 "충분히는 하셨습니까?"라고 물으면 모두 "네"라고 답합니다. "그래서 충만함을 느끼셨습니까?"라고 한 번 더 물으면 갑자기 당황하면서 한참 있다가 "아니요"라고 합니다.

'충만함'이란 내적인 행복감과 만족을 이야기합니다. 충만함을 많이 경험하면 무기력해질 수 없습니다. 왜냐하면 인생의 에너지가 '빵빵'해지기 때문입니다. "너에게 충분히 다 해 주었는데 너는 어떻게 이럴 수 있니?"라는 말은 희망 없는, 무기력한 아이들에게 무기력한 부모들이 가장 자주 하는 말입니다. 충만함을 느낄 수 있는 새로운 삶의 방식이 도입되길, 이를 위한 사회적 운동이 전개되길 빕니다.

사춘기 자녀 이해를 도와주는 실전 심리학⑨
포기하는 아이들의 심리

초4 때는 수학을 포기하고,
중2 때는 공부를 포기하고,
고1 때는 학교를 포기하고,
고3 때는 인생을 포기한다.

초4부터 포기를 하게 되는 아이들의 심리는 무엇일까요?
학생들이 포기에서 벗어나려면 다음 4가지가 필요하다고 루비 페인이라는 분이 『계층이동의 사다리』(황금사자)라는 책에서 말했습니다.

첫 번째, 새로운 관계입니다. 무언가를 열심히 할 수 있는 동기 부여가 되는 관계를 말하는데, 선생님, 친구, 선배들이 주로 그런 역할을 합니다.

두 번째, 이전과는 다른 새로운 배움입니다. 공부든, 춤이든, 게임이든 무언가 기존의 배움과는 다른 새로운 배움이 있을 때 아이들은 움직입니다.

세 번째, 열심히 살지 않을 때 뒤따라오는 결과나 고통을 알게 되면 아이들은 다시 무언가 열심히 하기 시작한다고 합니다. '공부를 못하게 되면 가난해진다'만은 아닙니다. 무언가를 몰라서 말이 안 통하는 고통, 자신이 다시 관심이 생긴 분야를 하려면 특정한 과정을 고통스럽지만 해내야 한다는 것을 알게 되는 과정이 필요합니다.

네 번째, 누군가가 내 아이의 다른 재능을 발견해 주는 것입니다. 사소하지만 자신에게 가능성이 있는 재능이 있다는 사실을 알게 되면 동기가 생겨납니다. 그 재능에 대해 발견해 주고, 칭찬해 주고 인정하고 격려해 주면, 아이는 그것을 열심히 하게 됩니다.

피로한 세 살,
이미 시작된 평가

　사춘기 때 겪어야 하는 감정적 어려움은 분노를 다루고 조절하는 문제입니다. 사춘기 시기는 생물학적으로도 분노를 더 쉽게 느끼고 표현하는 상태인 데다 우리는 아이들이 분노하도록 자극하고 있습니다. 그 핵심은 수치심을 느끼게 하는 것이지요.

> 아무 기억이 없다.
> 책도 읽지 않고 오직 컴퓨터만 했다. 여행은커녕 놀이공원 몇 번 다녀온 게 다다. 게임한 것 외에는 별다른 기억이 없다.
> 학원 다니기에 바빴다. 문제집에 파묻혀 살았다. 엄마랑 대화한 기억이라곤 성적 이야기밖에 없다. 그러곤 모두 '하지 마라'는 소리였다······.

요즘 아이들의 청소년기에 대한 흔한 회상입니다. 너무 극단적인 이야기라고 할 수도 있겠지만 대체로 그렇다고 해도 과언이 아닐 것입니다. 한국에서 청소년기를 보낸다고 하는 것은 어찌 보면 끔찍한 일이기도 합니다. 예전에도 그랬고 지금은 더 그렇습니다. 지금은 청소년기뿐만 아니라 아동기 전반도 그렇습니다. 정말 인생을 악으로 살아가고 있다고 해도 과언이 아닙니다. 우리 삶이 극도의 피로에 빠져 있을 때, 이 피로감 뒤에는 어떤 감정들이 뒤섞여 있을까요?

저는 그것이 분노라고 확신합니다. 피로감 뒤에는 삶을 이렇게밖에 살 수 없는 것에 대한 분노가 쌓여 있습니다. 그리고 모두들 이 분노를 어떻게 해 보려고 안간힘을 쓰고 있는 중입니다.

부모들의 강박으로 아이들은 세 살 때부터 평가를 받기 시작합니다. '잘한다, 못한다'의 구별 저울에 수없이 올라가 천재, 영재, 수재로 등급이 매겨집니다(물론 안 되는 아이들도 많지요). 실제로 측정을 하지는 못했지만, 또 그런 자료도 없지만, 과거 세대들의 긴장과 스트레스 정도와 지금 유아 및 소아들의 긴장도를 비교 측정한다면 요즘 아이들이 훨씬 더 높을 거라고 생각합니다.

그래서 아이들이 각성된 채로 많은 시간을 보내고 더 격앙되어 있으며 더 민감해져 있다고 할 수 있습니다. 교감 신경이 늘 더 활성화된 채로 살아가고 있는 것이지요. 아이들은 곧 실전에 투입될 병사처럼 살고 있습니다. 각종 사교육 기관에서 시험 보고 평가받고 테스트받고, 또 부모의 평가도 받고, 또래 아이들의 평가도 받습니다. 잘하는 아이와 못하는 아이를 끊임없이 솎아 내는 세상에서 못하는 아이들은 쉽게 조롱의 대상이 됩니다. 그리고 많은 아이들이 직접적, 간접적으로 이런 조롱을 경험하고 있습니다.

결국 아이들이 성장하면서 가장 많이 느끼고 싸워야 하는 감정은 수치심이 됩니다. 우리는 수치심을 극복해야 한다고 말하면서 수치심 주기를 중단하지 않습니다. 좌절이 큰 곳에 상처도 크고, 그 상처로 아이들은 분노합니다. 학생들의 일상생활에서 가장 많은 부분을 차지하는 활동이 다른 친구들에게 샘을 내고 놀리고 경쟁하는 것이라는 이야기도 있습니다.

잘하는 아이를 예뻐하는, 뿌리박힌 우리들의 속성이 우리를 자유롭지 못하게 합니다. 편을 가르는 본능적 속성에서 자유롭기 어렵습니다. 우리의 뇌세포에는 잘하는 아이들에 대한 긍정적 반응은 각인되어 있지만 소위 못하는 아이들에 대해서는 분노와 혐오가 그득합니다. 교사들, 부모들도 그렇게 자라서 그럴지도 모르겠습니다. 사회적 차원의 개혁을 논하는 것도 중요하지만 가정과 교실에서 우리가 평상시 어떤 반응을 주고받는지를 성찰해 보아야 하겠습니다. 나는 내 아이에게 어떤 반응을 보이는지, 또래들 사이에서, 학교에서, 아이들은 어떻게 상호 작용하면서 무엇을 쌓아가고 있는지를 말입니다.

매일 칭찬받는 소수와 그것을 쳐다보는 다수 아이들의 심정을, 매일 사랑받는 소수와 환영받지 못하는 다수 아이들의 심정을 우리는 생각해 보고 느껴 보아야 합니다. 사춘기가 될 때까지 그들이 받은 총 칭찬 양은 총 꾸중 양, 총 무시 양에 비해 압도적으로 적을 것입니다. 아이들의 마음이 꾸중과 무시당한 상처로 가득할 때, 쿡 찌르면 터져 나오는 것은 분노일 수밖에 없습니다. 수치심으로 누적된 마음에서 배출되는 것이 분노 외에 무엇이 있을 수 있겠습니까?

사춘기 자녀를 대하는 7가지 핵심 조언

'잘한다, 못한다'의 패러다임에서 '다양성'의 패러다임으로, '맞다, 틀리다'의 패러다임에서 '다르다'의 패러다임으로, '소수' 패러다임에서 '다수' 패러다임으로, '수월성'의 패러다임에서 '진정성'의 패러다임으로, '승자 독식 사회'에서 '공평 사회'로 변해야 아이들의 분노가 잦아들 수 있습니다. '1등 강박'의 생존 중심적 가치관을 바꾸어야만 아이들은 분노로부터 조금씩 벗어날 수 있습니다.

수치심이 자극되면 어른도 견디기 힘듭니다. 자살에 이르기도 합니다. 아이들이 사춘기가 되어 까칠해지고 쉽게 분노하는 핵심에는 학업 성적이 떨어질 때 단죄받는, 무시당하는 감정이 있습니다. 성적이 좋지 않은 아이는 살기 힘든 구조가 분노의 배경입니다.

이때 제대로 도와주는 사람 없는 외로운 아이들이 할 수 있는 것이 '화내는 것'입니다. 안 그래도 외로운데 성적이 나쁘면 더 외로워집니다. 어떻게 해야 할지 모르겠다는 심경이 됩니다. 그래서 분노를 터뜨리고, 어른들이 보기에는 말도 안 되는 반항 또는 일탈 행동을 하는 것입니다. 바뀐 시대 속에서 아이들이 이런 상태에 있다는 것을 이해하고 아이들을 대하자는 것이 제가 드리고 싶은 이야기입니다.

그렇다면 이런 많은 어려움 속에 놓여 있는 사춘기 자녀들을 대할 때는 어떻게 하면 좋을까요? 도움이 될 만한 조언 7가지를 말씀드리겠습니다.

_ 이해하기

이해해 주는 부모가 되면 아이들이 조금 더 편안해질 것입니다. 자신을 이해해 줄 것 같아야 말도 할 수 있지요.

_ 존중하기

아이들은 자신이 컸다는 사실을 존중해 주기를 간절히 원합니다. 그리고 약간의 거리를 두는 것을 더 편안해 합니다.

_ 격려하기

아이들은 부모만이라도 자신을 격려해 주기를 바랍니다. 세상이 생각보다 차갑거든요. 격려해 주지 않는 부모에게 힘든 것을 내색하기는 어렵습니다.

_ 긍정으로 답하기

안 된다고 하는 말보다 된다고 하는 이야기를 듣고 싶어 합니다. 그것이 나를 믿어 주는 것이고, 그럼으로써 내가 나 자신을 믿게 될 수 있으니까요.

_ 추억 남기기

사춘기 시절, 부모님하고 좋은 추억을 남기고 싶습니다. 여행도 좋고 관람도 좋고 또 깊은 대화도 좋습니다. 부모님이 내 삶의 중요한 멘토라는 것을 기억에 남길 수 있는 그런 만남이 새롭게 있기를 희망합니다.

_ 가치 제시하기

부모님 자신은 어떤 것을 중요하게 여기는지 강요 없이 이야기해 주기를 원합니다. 여기에서 중요한 것은 강요 없이 이야기하는 것입니다. 부모님의 지혜를 들려주시고 부모님이 어떻게 그 가치를 중요하게 여기게 되었는지를 말해 주세요.

_함께할 어른 만들기

때때로 부모님하고 말할 수 없는 것이 있다는 것을 알아주세요. 그럴 때 주변에 어른이 있는 아이들은 덜 외롭습니다. 아이들 주변에 어른이 너무 없습니다. 사춘기가 되면 부모만으로는 충분하지 않습니다. 특히 남자아이들은 더욱 그렇습니다. 함께할 어른이 주변에 많고 그 어른들과 아이가 문제를 풀어나갈 수 있도록 도와주세요.

사춘기 자녀 이해를 도와주는 실전 심리학⑩
청소년들이 상담이나 대화를 거부하는 이유

1. 상담이 싫은 6가지 이유

- 말로 하는 것이 힘들고 어렵다.
- 내면을 느끼는 것이 싫다.
- 진지한 상황이 싫다.
- 부모 비슷한 어른과 이야기하는 것은 힘들고 재미없다.
- 잘못했다거나 잘못되어 가는 느낌을 갖는 것이 싫다.
- 누군가 나에게 압력을 주고 변화시키려 하는 것이 싫다.

애착 중심 가족 치료의 대니얼 휴즈는 청소년과의 대화를 이끄는 패러다임으로 PACE를 추천했습니다.

P : playfulness(유쾌하고 재미있게)

A : acceptance(수용되는)

C : curiosity(호기심을 갖고)

E : empathy(공감받는)

2. 대화가 싫은 이유 : 교정 반사

교정 반사란 부모, 교사, 상담자가 거의 반사적 수준으로, 고칠 것이 눈에 보이는 현상을 말합니다. 보자마자 잔소리하고, 고칠 것이 눈에 훤히 보인다는 표정으로 다가서면 아이들은 모두 뒤로 물러나고, 방어의 장막을 높이 치게 됩니다. 문제를 지적하는 것이 우리의 목적은 아니죠. 사춘기 청소년이 마음의 문을 열게 하는 것이 목표인데, 교정 반사의 입장으로 다가서면 도움을 줄 기회를 잃게 됩니다.

3. 문제 중심 관점에서 흥미 중심 관점으로

아이와 대화를 조금 더 나누려면, 문제를 확대하기보다는 아이의 흥미에 초점을 맞추어 이야기를 나누는 접근이 되어야 합니다. 그러므로 아이의 흥미를 잘 알고 이를 존중해 주면서 접근하고, 문제점은 좋은 분위기에서 최대한 아이가 자발적으로 이야기하게 되는 것이 좋습니다.

헛똑똑 부모 증후군

강연 자리에 가면 간혹 이런 질문을 받습니다.
"부모는 똑똑한데 아이들은 왜 안 그럴까요?"
실제로 우리 주변에 보면 부모님들은 정말 엘리트고 사회적으로도 일정한 성취를 이룬 훌륭한 분들인데, 자녀들은 그렇지 않은 경우가 꽤 있습니다. 왜 그럴까요? 그에 대한 답으로 저는 "헛똑똑 부모 증후군"이라는 개념을 만들어 보았습니다.
좋은 부모가 되고 싶다는 욕망은 자녀를 둔 모든 부모들의 바람일 것입니다. 그리고 좋은 부모가 된다고 하는 것은 어찌 보면 쉬운 일이기도 하고 또 어찌 보면 어려운 일이기도 합니다. 그중에서 오늘 제가 이야기를 드리려고 하는 것은 조금 슬픈 부모들의 모습에 관한 것입니다.
"최선을 다한다고 하는 것이 최악이 되었네요."

"내가 가진 것을 다 주었는데……. 아이는 아무것도 받은 것이 없다고 하네요."

"부모는 모두 훌륭한데 어떻게 자녀가 이렇게 되었는지 도통 이해가 가질 않네요. 참 기가 막힙니다."

부모님들을 많이 상담하는 저로서는 이런 이야기를 들을 때마다 마음이 아프고 어떻게 도와드려야 하나, 도대체 이런 일이 왜 발생할까 하는 생각을 자주 하게 되면서 이런 부모들의 양육 방식이나 패턴에 대해 깊이 관찰하고 들여다보게 되었습니다.

결론부터 먼저 말씀드리면, 그런 호소를 하는 부모님들 중 한 부류가 바로 헛똑똑한 부모님들이라고 생각했고, 그래서 저는 그런 부모님들에게 헛똑똑함에서 벗어나야 한다고 말씀을 드렸습니다. 헛똑똑 부모란, 정말 원하는 변화를 얻기 위해서 해야 할 일이 무엇인지를 모르고, 자신이 왜 훌륭한 부모가 되지 못하는지를 이해하기 어렵거나 머리로만 이해하는 부모들을 말하는 것이지요.

헛똑똑 부모들의 핵심 특징을 저는 다음과 같은 4가지로 설명합니다.

첫 번째는 감정적으로는 차가운 분들이라는 것,

두 번째는 항상 옳고 그른 것이 무엇인지를 지나치게 따지는 엄격한 분들이라는 것,

세 번째는 때로는 자녀보다 중요한 것이 자신의 체면이라고 생각하시는 분들이라는 것,

마지막은 늘 아이에 대해서 불안하게 생각하시고 자신의 불안에 따라 아이들을 대한다는 것입니다. 그리고 이런 특징이 드러나는 양육 행동은 다음의 10가지가 대표적입니다.

- 자신은 언제나 자녀에게 최선을 다했다고 말한다.
- 아이가 잘 못하는 것은 아이 탓이거나 남편 혹은 아내 탓이다.
- 자녀의 미래에 대해 늘 최악의 상태를 예견한다.
- 아이에게 독설을 퍼붓는다.
- 잔소리와 훈육을 구분하지 못한다.
- 자녀의 성적이나 공부에 대한 미련을 포기하지 못한다.
- 자신의 말이나 약속을 지키지 않는다.
- 부모 자신의 종교 혹은 취미 생활은 아주 열심이다.
- 늘 자녀를 위하여 희생하며 살고 있다고 생각한다.
- 체면으로 인하여 주변 사람들에게 자녀에 대해 간혹 거짓말을 하곤 한다.

부모가 이렇게 자녀들을 대하면, 겉으로는 자녀들이 부모님에게 순종적으로 대할 지도 모릅니다. 그러나 사실 아이들은 틀

림없이 마음속에 상처를 받게 됩니다.

> ❝ 자신은 되게 잘났다고 생각하나 보네.
> 자신이 하는 것만 옳다고 그러네.
> 틀린 말은 하나도 없지만, 그래서 더 따라 하기 싫어.
> 맨날 자신이 기준이야. ❞

제가 만나 본 안타까운 헛똑똑 부모들은 대부분 사회적으로는 어느 정도 성공한 분들이었는데, 자녀들은 모두 규칙을 잘 어기고 속임수를 쓰거나 혹은 적지 않은 비행을 이미 저질러 학교에서 큰 문제가 되고 있거나 무기력해서 의욕이 없고 주변의 눈치만 보고 있었습니다. 부모님들은 아이의 이런 상태가 전혀 이해할 수 없다고 이야기하고, 아이들은 어차피 부모와는 대화가 되지 않는다고 생각하고 있었습니다. 많은 아이들이 "우리 부모는 위선적"이라고 생각하고 있기도 했습니다.

서로를 이렇게 비난하는 이 불행한 가정은 어떤 사연이 있길래 이렇게 되었을까요? 더 이야기를 들어 보면서 발견하게 된 것은 바로 정서적 차가움이었습니다. 부모님 모두 매우 지적이고 책임감이 강하고 올바르게 살아온 분들이고, 자신의 인생을 허비하지 않기 위해 바쁘게 살아온 분들이었습니다.

이분들의 양육 원칙 중 가장 중요한 것은 바로 '공부를 열심히 하는 것'이고, '그것이 바로 능력'이라는 생각이었습니다. 공부를 열심히 하면 모든 것이 잘된다는 신념을 밑바닥에 가지고 있었고, 아이들과 함께 논다든지, 감정적으로 즐긴다든지, 스킨십을 자주 나눈다든지 하는 정겨운 것들은 부차적인 일이라고 생각하는 경향이 있었습니다. 그러면서 자신보다 더 좋은 환경에서 더 좋은 교육을 제공받은 자신의 자녀들은 모두 자신보다 더 나을 것이라는 기대들을 하고 계시더군요. 이 풍요로움 속에서 부모가 다 해 주는데 아이들이 자신의 기대에 미치지 못하면 그것은 이해할 수 없는 일이라는 것이지요.

제가 그래서 "아이들은 사랑으로 크지 공부로 크지 않습니다"라고 말하면 "우리가 클 때는 부모님이 논밭에 나가서 일하시고, 제대로 보살펴 주지도 않았다"면서 "선생님이 말하는 사랑을 못 받은 것은 우리도 마찬가지"라고 강변을 하십니다. 그때에 비하면 자신은 훨씬 나은 부모이고 환경도 훨씬 좋은데, 왜 지금 아이들은 이러냐는 것이지요.

"능력보다 중요한 것이 마음을 알아주는 것이다"라고 말하면, "마음은 이미 다 안다"고 하시지요. 그렇지만 아이의 반응이나 심리 검사 결과는 부모님의 말과는 아주 딴판입니다. 아이들은 부모님들이 자신의 마음을 전혀 모른다고 하고, 또 심리 검사는 부모님들은 정서적 소통에 둔감하고 기술이 없다고 이야기하지요.

여러 가지 교훈을 주던 사례가 하나 있었습니다. 가출 쉼터에서 한 아이를 저에게 데리고 왔습니다. 어머니는 학교 선생님이고 아버지는 대기업의 중견 간부였습니다. 아이는 집에서는 아무 하고도 이야기가 통하지 않아서 집을 나왔다고 했지요. 아이와 함께 온 부모님은 도무지 이해가 안 된다고 하시면서, 오직 이유는 "공부하기 싫은 것"과 "사 달라는 것 안 사준 이유" 밖에 없다고 하시는 겁니다. 어머니, 아버지 모두 자신의 일도 열심이고 근검절약하시고, 종교 생활 포함하여 흠잡을 곳 없는 분들이었지만, 제가 보기에는 결정적으로 재미도 없고, 예외도 없고 무엇보다 감정적인 대화를 하나도 하지 않는 분들이었습니다. 아이가 힘든 이유가 그분들의 눈에는 전혀 보이지가 않았던 것이지요. 아이가 서럽게 울면서 하던 이야기 하나가 무엇이냐면, 자전거를 타다가 다쳐서 응급실에 가게 되었는데 엄마 아빠가 병원에 오셔서 똑같이 하시는 말씀이 첫 번째는 "위험하게 타니까 다친 것이다", 두 번째는 "자전거는 망가지지 않았느냐? 비싼 자전거인데"였다고 합니다. 그래서 그 아이가 "어디 크게 다친 데는 없는지부터 물어봐야 되는 것 아니냐"고 항변했다고 합니다. 그야말로 차가움이 그대로 제 가슴속에 와닿았었는데……(사실 그런 비슷한 경험이 저에게도 있었기 때문에 더 그랬나 봅니다).

이런 정서적 차가움과 더불어 헛똑똑 부모님들의 특기 중 하나는 잔소리입니다. 헛똑똑 경향의 부모님들은 잔소리를 많이 하는데, 그 잔소리의 대부분은 "똑바로 하라"는 것이지요. 규칙을 어기지 말라는 것이고, 올바로 하라는 것이고, 그래서 아이들이 실수를 하면 그 실수를 탓하고 실수에 대해 벌을 주곤 합니다. 실수는 정신 차리지 못한 아이 탓이고, 준비를 꼼꼼히 잘했으면 그런 실수를 하지 않았을 것이고, 모두 부모의 말을 귀담아듣지 않아서 그렇다고 합니다. 이런 일이 반복되면 아이들은 실수에 대해 용서받지 못한 느낌을 갖고, 실수가 두려워지며, 자주 긴장하게 되고, 그래서 또 실수를 하는 과정을 반복합니다. 헛똑똑 부모들은 그럴 때마다 혼내고 더 크게 혼내고 아이들을 쪼그라들게 하지요. 물론 더 크게 혼내는 이유가 무엇이냐고 물으면, 다 잘 되라고 그런다고들 하시지요. 헛똑똑 부모님들은 실수로부터 배움을 주기보다는 실수로부터 더 큰 실수를 하게 만드는 두려움과 공포를 안겨 주는 경우가 많습니다.

빈틈이 없고 항상 매사에 옳기만 한 부모 밑에서는 부모가 기대하는 것만큼 훌륭한 아이가 자라지 않습니다. 자녀에게 엄격한 도덕적 잣대를 요구하고 실수를 용납하지 않으니, 아이들 입장에서는 자신의 잘못을 숨기기에 급급하고, 그러다 보니 거짓말이 늘기도 하고, 혼나는 것을 두려워하다가 어느 날부터는 아예 대들기 시작하게 되는 것입니다.

모든 행동을 올바로 하는 아이는 없습니다. 모든 행동을 올바로 하기를 기대하는 부모님으로부터 매번 혼나면서 아이들

마음에는 미움과 죄책감이 동시에 쌓여 갑니다. 자신감을 잃게 되지요. 부모가 하는 이야기 중에 틀린 것은 없으니 오히려 아이들은 부모가 더 밉고 무력감을 느끼게 됩니다. 혹시 주변에 그런 분들이 있으면 여러분은 어떤가요? 맨날 입바른 소리만 하는 그런 사람들, 우리는 사실 그런 사람들과 그렇게 가까워지고 싶지는 않습니다. 힘드니까요. 아이들도 마찬가지입니다. 점차 멀어질 수밖에 없는 것이지요.

그리고 또 하나 발견하게 된 것은 헛똑똑 부모들은 모두 체면을 자식보다 중시 여긴다는 것이었습니다. 아이들이 느끼기에는 말입니다. 자녀가 잘 못한다는 것, 별로 뛰어나지 않다는 것을 숨기고 싶어 하고, 자녀들의 성적이 자신의 자존감과 비례되는 것처럼 생각하고, 그러다 보니 거짓말을 하기도 하고……. 아이들은 이런 거짓 모습에 어렸을 때는 조금 순응하지만 나이가 들면서 반항하기 시작합니다. 왜 나의 있는 모습 그대로를 사랑해 주지 않느냐고 말입니다.

마지막으로 이분들이 갖고 있는 기본적인 중요한 특징은 모두 불안감을 느끼고 있다는 것입니다. 사실 이분들을 움직이는 큰 동력은 불안입니다. 열심히 해야 하는 이유도 불안 때문이고 쉬지 못하는 것도 불안 때문이고 성실한 것도 불안 때문입니다. 이분들에게 세상에 대해서 어떻게 생각하냐고 물으면, 세상은 살기 힘들고 웬만한 노력으로는 안 되고 정말 약육강식의 사회라고 말씀하십니다. 그렇기 때문에 자신이 자녀에게 이렇게 하는 것이라고 말씀하십니다.

과연 세상이 그렇기만 한가요? 이분들은 세상에 대해 두려움이 크기 때문에 "너희들도 두려워해야 한다"라고 말씀하시며 아이들에게 겁부터 주는 셈이지요. 겁먹은 아이들이 세상을 따뜻하게 생각하기 어려워지는 것은 당연합니다. 많은 부모님들이 아이들에게 "세상이 얼마나 무서운지 알아?"라고 하시는데, 그것은 아이들의 의욕을 꺾는 일입니다. 세상은 "살아 볼 만하고 따뜻하고 너를 받아 줄 만한 곳이고 네가 꿈을 펼쳐 볼 만한 곳"이라고 해야 아이들이 세상에서 신나게 살아갈 텐데, 이렇게 겁부터 주면서 아이들이 의욕적으로 도전적으로 살기를 바라는 것은 어불성설입니다.

의외로 주변에 이런 분들이 많다고 하여 저는 요즘 헛똑똑에서 진짜 똑똑한 부모가 되는 법에 대해 연구를 하고 있습니다. 아마도 헛똑똑 부모들의 실패 뒤에는 자신들의 숨겨진 모습들이 있을텐데, 그것은 자신의 성장사와 깊은 관련이 있을 것입니다. 자신이 성장하면서 중요하게 여긴 가치가 감정보다는 능력, 자유로움보다는 엄격함, 자신의 있는 모습 그대로보다는 사회적으로 포장된 모습, 즉 남에게 보이는 것이 더 중요하다는 식으로 성장하게 된 사연들이 모두 있겠지요. 그리고 이분들은 세상의 어두운 면들에 대하여 아직도 두려움이 있다고 생각합니다.

따뜻함 그리고 정서적인 소통, 서로에 대한 공감, 실수에 대한 관용과 실수로부터 배움을 만드는 법, 자신의 있는 모습 그대로를 사랑하는 법, 세상이 지닌 정의와 자정의 힘을 믿는 것이 그 답이긴 할 텐데, 그분들이 머리로 답을 모르시는 것은 아닌 것 같습니다. 머리로는 알아도 가슴으로는 안 되는 것일 가능성이 많지요. 가슴속 저 깊이 그렇게 안 되는 저마다의 상처나 상처로부터 비롯된 신념들이 있을 것입니다. 그래서 오랫동안 아이를 사랑한다고 하면서 아파하고, 일방통행의 사랑으로 인해 힘들고 또 이 교육 저 교육도 받으러 다니고, 이 책 저 책을 읽으면서도 변화하지 않는 자신 때문에 또 변화하지 않는 자녀 때문에 아파하고 계신 것 같습니다.

아마도 이 책을 읽는 많은 부모님들도 이 이야기의 답을 모르고 계시지는 않겠지만 그래도 마음속으로는 '그거야 듣기 좋은 이야기이지, 하지만 그렇게 살면 한국 사회에서는 살아남지 못할 거야'라고 생각하실 수도 있습니다. '각박함'. 이것이 우리 모두의 마음에 걸쳐져 있기 때문이지요. 일본의 은둔형 외톨이들에게 "왜 세상에 나가지 않느냐?"라고 물었더니, "세상이 너무 각박해서"라고 답했다고 합니다. 한마디로 겁을 집어먹고 두려워하고 있는 것이지요.

함께 생각해 보았으면 좋겠습니다. 우리가 얼마나 따뜻한 것을 그리워하고 있는지, 우리가 얼마나 우리 자신이 있는 그대로 받아들여지기를 바랐는지, 또 우리의 실수에 대해 관용되기를 얼마나 바랐는지, 우리가 불안하게 살지 않고 편안하게 살기를 얼마나 바랐는지를 알고 있다면 자녀들에게 똑같은 불행을 이식시켜 줄 필요는 없지 않을까 생각해 봐 주시기를 바랍니다.

사람은 차가움보다는 따뜻함을 훨씬 좋아합니다. 부모됨의 본질은 따뜻함입니다. 사람들은 자유를 더 좋아합니다. 사람들은 평가받는 것을 즐기지 않습니다. 사람들은 불안에서 벗어나기를 바랍니다. 그리고 그것은 내 자식도 마찬가지입니다. 특별한 아이로 키우기 위해서 특별한 고통을 견뎌 내야 하는 것은 아닙니다. 오늘 아이들에게 "해야 할 일은 다했니? 성적이 올랐니? 엄마와의 약속은 지켰니? 창피한 짓은 안했니?"라고 묻지 마시고 "괜찮다, 요즘 마음은 어떠니? 약속을 지키는 것이 쉽지 않지? 언제나 네가 자랑스러워"라고 말해 주기로 마음을 바꾸어 먹는 것은 어떨까요?

나도 각박하게 살았으니 너도 각박한 것이 뭔지 알아야 돼, 똑바로 한다는 것이 무엇인지 가르쳐 줄게, 라는 대물림은 우리의 불행을 자녀들에게 상속하는 일이 될 수도 있지 않을까요? 제가 주제넘게 한 말들은 모두 이해해 주시기를 빌어마지 않으면서 이 이야기는 여기서 마치도록 하겠습니다.

알파 세대의 등장

　현명함을 지닌 어른이라면 자라나는 아이들이 여러 면에서 자신과 다를 것이라고 예측할 것입니다. 지금의 아이들이 자라나는 문화와 문명이 너무도 다르니까요. 그리고 그 당연함으로 인한 불안만큼 큰 호기심을 지니고 개방적인 마음을 지니려 노력할 것입니다. 시대를 부정하지 않으려면 말입니다. 2010년 이후에 태어난 세대를 다른 말로 '알파 세대'라 부릅니다. 문명적으로 스마트폰 상용화 이후 세대이며, 인공 지능의 영향을 받는 세대를 말합니다.

　다른 문명에서 자라는 우리 자녀들을 이해하려면 무엇보다 필요한 부모의 역량이 디지털 리터러시(문해력, 이해하고 사용할 줄 아는 능력)라고 생각합니다.

　어떤 아이가 수업 시간에 선생님 강의를 받아쓰지 않자 선생님이 "너는 필기를 안 하니?"라고 물었답니다. 아이는 "지금 스마트폰으로 받아 적고 있다"고 했지요. 그러자 선생님은 "무슨 말도 안 되는 소리냐?"면서 "스마트폰에 팔이 달렸냐?"고 물었습니다. 아이는 음성을 텍스트로 전환해 주는 인공 지능 애플리케이션을 보여 주면서 "원하시면 바로 프린트해 드릴게요"라고 덧붙였고, 교실엔 아이들의 "와~~" 하는 함성이 퍼졌습니다. 최근에는 들은 것을 바로 문자로 전환하는 인공 지능 프로그램과 영상의 목소리를 바로 자막으로 만들어 주는 전환형 애플리케이션들이 대거 등장하고 있습니다. 그러니까 선생님 표현으로 하면, 스마트폰에 팔이 달린 셈입니다.

문명과 기술의 발달은 우리의 문화를 바꿉니다. 똑같은 스마트폰도 조부모에게는 편리한 전화, 들고 다니는 전화의 개념이었다면, 부모 세대는 들고 다니는 컴퓨터였고, 아이들의 세대는 입고 다니는 옷, 혹은 어떤 아이들은 피부의 개념에 가깝습니다. 스마트폰 없이 다닐 수 없다는 선언은 벌거벗고 다니지 못하겠다는 말과 같은 말이기도 합니다. 스마트폰은 우리 인체의 일부가 되어 가고 있습니다. 그 활용도는 우리가 상상하지 못할 정도로 넓어지고 있습니다.

사진과 관련된 엄청난 종류의 다양한 애플리케이션은 그나마 익숙하실 것 같습니다. 사진을 멋지게 꾸며 주는, 턱도 깎아 주고, 눈도 깊어지게 하고, 피부도 반짝이게 하는 애플리케이션은 아마 어머니들도 많이 써 보셨을 것입니다. 기분이 좋아지게 하는 앱들이지요. 그러다 보니, 때로는 진짜 얼굴 그대로를 보여 주는 사진이 줄어들게 되었습니다. 지금의 앱들은 때로는 우리가 우리 자신이 누구인지 못 알아 볼 정도로 멋진 사람으로 바꾸어 주기도 합니다.

호주의 사회학자 마크 매크린들은 2010년을 기점으로 그 이후에 태어난 아이들을 '알파 세대'라 칭했습니다. 이들은 태어날 때부터 인공 지능을 접하고 자라는 AI 네이티브 세대로, 디지털 네이티브라 불리는 전 세대(Z세대)와도 확연한 차이를 보인다고 말했습니다. 그중 몇 가지 아이들에게 나타나는 중요한 현상, 특히 심리와 관련된 현상 10가지만 소개를 해 보려고 합니다. 여기에서 소개하는 현상은 정신과 의사인 제가 아이들과의 대화에서 경험한 현상들입니다.

고통의 위로 방식이 달라진다

"아리야! 선생님한테 혼났어. 기분도 안 좋은데, 음악 좀 틀어 줘. 아냐 조용한 음악 말고 시끄러운 것 틀어 줘. 아리야, 나한테 사랑한다고 말해 줄래?"

여기서 아리는 사람이 아닙니다. 아리는 인공 지능 봇입니다. 앞으로의 아이들은 다양한 봇들과 사귀고 놀고 그들과 관계하는 것을 불편하게 여기지 않을뿐더러, 핸드폰을 포함해 곳곳에 봇들을 만들어 놓고 이용하고 진화시킬 것입니다.

기분을 달래기 위해 애인을 사귀고 눈치를 보고 비위를 맞추면서 누군가와 관계하는 것이 피곤하다고 느낄 수 있습니다. 애완동물보다 애완 로봇이 더 인기가 높아질 수도 있습니다.

이것은 감정의 상호 작용이 주는 복잡성을 피하고, 자기중심적 위로만 추구하는 성향을 낳을 수 있습니다. 사람으로부터 위로받는 것이 더 불편하다는 아이들이 늘고 있습니다. 강아지도 아빠 엄마만 좋아하고 자기는 우습게 알아서 차라리 내 말만 듣도록 하는 인공 지능 서비스가 있기를 원한다고 합니다.

정체성 파악의 방식이 바뀌어진다

나 자신을 진짜 모르겠다고 방황하는 청춘, 혹은 외식을 먹을 때 무엇을 선택해야 할지 몰라 괴롭다는 결정 장애 사람들도 새로운 시대에는 걱정할 필요 없습니다. 데이터에 물어보면 됩니다. 핸드폰에 담겨 있는 내 신용 카드 사용 데이터를 보면, 결국 내가 가장 좋아하는 것을 알 수 있습니다. 최고 빈도로 결재한 음식이 무엇인지, 시간대가 언제였는지 살펴보면 됩니다. 현재도 내 취향에 대해서는 나 자신보다 넷플릭스가 잘 알고 있습니다. 자신에 대한 정보는 나의 데이터가 말해 줄 것입니다.

자신의 정체감을 파악하는 일, 재능을 파악하는 일이 어려운 일로 느껴질 때, 사람들은 이것을 자신에 대한 성찰, 심리적 이해, 주변 관계에서의 파악이라는 복잡한 절차보다 자신과 관련된 데이터에 의존해 결정하게 될 수도 있습니다. 하지만 데이터들이 설명해 줄 수 있는 것도 있지만 그렇지 못한 것도 있을 수 있습니다.

인간관계 방식이 달라진다

할머니를 직접 보러 가는 일은 아주 특별한 일이 될 수도 있습니다. 온라인으로 만날 수 있는 방법이 널려 있으니까요. 앞으로는 영상 통화, 줌, 유튜브보다 좋은 채널이 더 나올 수도 있을 겁니다. 이번에 사회적 거리 두기를 시행하면서 이미 어떤 모임들에는 변화가 일어나기 시작했습니다. "뭘 모이냐. 그냥 집에서 줌으로 회의하자"는 사람들이 늘고 있습니다. 앞으로 면대면 만남보다 다양한 비대면 만남이 늘어날 것입니다. 비대면 만남이 주는 장점과 단점을 잘 알아 두지 않으면, 우리는 앞으로 면대면이 더 어색해질 수도 있을 것입니다.

정보 습득 방식이 달라진다

챗봇의 발전은 눈부십니다. 점차 할 줄 아는 것들이 늘어나고 있습니다. 알고리즘, 머신러닝의 비약적 발전으로 이제 챗봇은 장난스러운 수준이 아니라 점차 신뢰할 만한 답을 도출해 내고 있습니다. 벌써 상담 창구에 많은 인력들이 필요하지 않게 되

없습니다.

챗봇 등 다양한 인공 지능 서비스들은 향후 심리 치료까지 담당할 가능성이 높습니다. 우리가 얻을 답을 그들이 만들어 낼 수도 있습니다.

앞으로는 무언가를 소망할 때, 무언가를 예측할 때, 각자가 사용하는 데이터 시스템에 기댈 것입니다. 아이언맨에게는 자비스 같은 에이전트가 있듯이 말입니다.

정보 전달 방식이 달라진다

아이들은 어릴 때부터 시각적 자극을 한껏 먹고 살았습니다. 인공 지능과 홀로그램, 버츄얼 리얼리티까지 활용되는 시대에 잔소리는 이제 지겹습니다. 엄마도 힘듭니다. 지금도 엄마의 잔소리를 유튜브에 녹화해 놓고 방영하라는 아이들이 있습니다. 그러면 엄마 말이 더 잘 들릴 것이라고 합니다.

시각화된 자료에 대한 탐닉은 계속될 것입니다. 지금도 인포그래픽스, 디지털 싱킹, 스마트 학습 등등 다양한 학습 보조 도구들의 트렌드는 시각화입니다. "엄마가 잘 설명해 줄게 들어 봐" 이런 말은 정말 사라질지도 모릅니다. "엄마가 녹화해 놓았어, 봐" 아니면 "엄마가 어떻게 하는지 동영상으로 찍어 놓았으니 잘 따라해 봐" 하는 시대가 머지않았습니다.

영상에 자극받고 영상을 오래 기억하는 시각형 학습자들

이 늘어나면서, 또 각종 영상 채널에 대한 의존도가 높아지면서, 아이들에게 강력한 정보 전달은 우리가 직접 전달하는 방식이 아닐 수도 있습니다.

삶의 반경과 양식이 달라진다

하나의 꿈을 이루기 위해 많은 노력을 들였던 것은 과거 어른들의 문화입니다. 지금의 아이들은 게임에서 왕이 되기도 하고, 사업가도 되고, 스타 플레이어도 됩니다. 진짜 같은 환상과 만족을 주는 충분한 게임과 놀이에 빠져 오랜 시간을 보내면 이제 현실에서 실제로 꿈을 이룰 필요를 못 느낍니다.

실제 진료실에서도 이런 아이들을 자주 봅니다. 아무 생각 없이 게임만 하고 유튜브 보고 지내도 문제가 없습니다. 경제적으로는 부모덕에 어려움이 없고, 부모가 돌아가신 후에도 부모가 벌어 놓은 것으로 충분하다고 말하는 아이들 그룹이 탄생한 지는 10년은 된 것 같습니다. 굳이 고생하면서 실패의 위험성을 감수할 필요가 없습니다. 이미 구축된 부모의 부를 이용하면 되는 데다가, 많은 게임, 판타지 웹 소설, 그리고 인공 지능 로봇, 심지어는 장난감부터 섹스돌까지 아주 비싸지 않은 가격대에서도 욕망을 만족할 수 있는 다양한 가상의 세계들이 있습니다.

인터넷 정액료 3만원, 영상 사용료 1만 원, 음악 사용권 1만 원, 이렇게 월 5만 원만 써도 콘텐츠는 엄청 납니다. 굳이 나가지 않아도 앉은 자리에서 수백 편의 영화와 콘서트, 그리고 전자책을 접할 수 있습니다.

정보의 자유가 침해되고, 정보는 판매되거나 유통될 수 있다
 사회 곳곳에 설치된 CCTV를 통해 나의 동선이 낱낱이 추적될 수 있습니다. 현금이 사라진 상태에서의 칩과 카드 사용 등으로 인해 나의 소비 상태도 다 알 수 있게 됩니다. 부모 혹은 누군가가 나를 계속 보고 있고, 측정할 수 있게 됩니다. 나는 늘 간파당하고 있고 육체의 비밀을 간직하기는 어렵습니다. 모든 것이 다 파악될 수 있는 사회로 기술은 더 발전할 것입니다.
 오직 마음만 숨길 수 있고, 내 상상만 숨길 수 있는데, 이 조차도 알아내려 하는 여러 기술들이 계속 나오고 있습니다. 자유는 훨씬 더 줄어들었고, 센서, 데이터, 인공 지능에 의해 발가벗기는 일은 너무 흔해졌다고, 아이들은 자유가 없는 사회라고 불평합니다. 조지 오웰의 『1984』에 나오는 빅 브라더 사회가 실제로 구현될 수 있습니다.

중독성이 높아진다
 실제보다 더 리얼한 놀이를 할 수 있는 기술이 등장하고 있습니다. 시간 가는 줄 모르고 즐길 수 있는 현란한 VR 놀이방. 지금의 손가락과 두뇌로만 하는 게임보다 더 사람을 빠져들게 할 것입니다. 여기에 약간의 약물이나 혹은 마약까지 결합되어 오감 만족하는 가상 체험의 놀이 시대가 열리면 우리는 잠시 놀고 그치는데서 만족하기는 어렵게 될 것입니다. 진짜처럼 전투를 치루고 난 뒤, 바로 아무 일 없다는 듯이 감정을 제자리로 돌려놓기란 힘들 수도 있을 것입니다. 게임의 진화, 자극적이고 짜릿하고 돌아오기 싫은 유형의 가상 체험들은 계속 개발될 것입니다.

현재 알려져 있는 게임의 중독성에다가 더 자극적인 여러 기술을 접목하고 실제와 같은 요소들의 재현까지 일어나면, 게임은 정말 통제하기 힘든 마약 같은 수준에 이를 것입니다. 거기다 실제 진짜 마약까지 하면서 진행할 수 있는 마약 VR방이 생기면 아마 「매트릭스」영화 찍듯이 우리의 뇌 속에서 우리는 새로운 중독적 경험을 하게 되고, 이는 상당한 수의 청소년들을 중독으로 내몰 것입니다.

의사소통이 변화한다

웨어러블 스마트 기기, 스마트 정보 시스템의 발전, 시각적 구현이 쉬운 영상 동기화 기술의 발전은 인간관계를 측정하고 노출하는 데 기여할 것입니다. 사랑을 고백할 때는 심장 뛰는 것을 시각적 데이터로 변환해 보여 주고, 불안함을 호소할 때는 땀이 나고 근육이 긴장되며 불규칙해진 호흡을 바로 전신 그래픽으로 아이패드를 이용해 보여 줄 수 있고, 공감을 할 때는 뇌 속의 섬엽insula 부위가 활성화된 것을 모바일 MRI 혹은 모바일 소형 뇌 스캔 촬영으로 그 자리에서 보여 줄 수도 있습니다. 이제 속임수란 불가능합니다. 거짓말 탐지기는 특별한 수사 기관에만 있는 것이 아니라 학교 교실마다 있어서, 거짓말 했냐고 물을 필요 없이 기계 앞에 가서 앉아라, 라고 할 수도 있습니다. 물론 집집마다 구비할 수도 있지요. 어떤 엄마들은 아마 이 장비를 열렬히 환영할 수도 있습니다.

인간의 관계와 능력이 기계의 소유로 표현된다

"너 아직도 그거 써? 불쌍하다. 네 엄마는 너를 사랑하지 않는가 보구나."

스마트폰 낡은 기종을 가지고 산다는 것은 사랑받지 못한다는 것, 혹은 가난하다는 것, 혹은 무식하다는 것의 증거가 되고 있습니다. 이미 아이들의 소원은 모두 좋은 스마트폰이며, 어른들은 최신 기종들간의 기술적 차이를 모르지만 아이들은 훤히 알고 있습니다. 다수의 어른들은 예를 들어 아이폰11 프로가 사진기가 세 개라고 말하는 데 그치지만 아이들은 아이폰11 프로에서 개선된 최하 5가지 이상의 시스템을 알고 있습니다.

시스템이 좋은 핸드폰을 가질수록 할 수 있는 것은 늘어납니다. 또 용량이 크면 더 많은 것을 이용하고 저장할 수 있습니다. 스마트폰은 사랑입니다. 역량이고 능력이며, 이제 좋은 기계를 갖고 있는 사람이 승리하는 사회입니다.

아이들이 부모님에게 하고 싶었던 한마디!

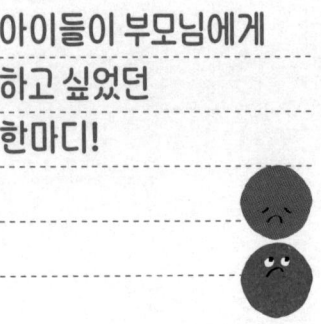

    지금까지 사춘기 아이들을 이해하는 데 도움이 될 만한 이야기들을 들려 드렸는데요. 실제로 아이들은 어떤 생각을 하고 있을까요? 궁금하지 않으십니까?

    여기에 소개하는 글들은 어느 남녀 공학 중학교에서 2학년 학급의 아이들에게 부모님에게 하고 싶은 말 스피드 글쓰기를 하게 해서 나온 내용입니다. 스피드 글쓰기는 심사숙고하지 않고 그 자리에서 느끼는 것을 쓰는 것입니다. 그냥 지금 느끼고 있는 감정들을 적는 거지요. 물론, 대한민국 중2를 대표하는 글은 절대로 아닙니다. 다만 요즘 아이들은 이런 생각들을 하고 있구나, 하는 정도로 읽어 봐 주시기 바랍니다.

❝ 감사합니다. -끝-

용돈 좀 더 주세요.

기대하지 마세요. 저는 그런 아들이 아닙니다.

신경질 좀 그만 내세요.

지금도 늦지 않았으니 동생 낳아 주세요. 나도 구박 좀 하게.

게임 중독 안 될 테니, 게임 좀 더 하게 해 주세요.

옷 좀 사 주세요, 입고 다닐 옷이 없어요.

엄마도 좀 편히 사세요. 굶어 죽지 않아요. 걱정 마세요.

아빠가 술 줄이는 만큼 저는 성적을 올릴게요. ㅋㅋ

섭섭하게 생각지 마세요. 저도 이제 남자 친구가 생겼다고요.

공부 더 열심히 할게요. 조금만 기다려 보세요.

저는 어른이 아니에요. 너무 잔소리하지 마세요.

어디 가서 부모 교육 같은 것 좀 받으세요. 대화가 안 돼요.

친구들과 비교만 말아 주세요. 그것만으로도 충분해요.

사랑합니다. 알아요, 엄마 마음!

저를 두고 그만 싸우세요.

괜찮아요, 엄마 아빠. 저는 지금도 행복해요.

남들한테 내 자랑 그만해요. 창피해 죽겠어요. 부담만 커져요.

사랑합니다. 우리 엄마 아빠가 최고예요. 〞

다음은 조금 길게 들어 본 이야기입니다.

❝ 중2병? 그런 거 없어요. 물론 조금 심한 아이들이 있는 것은 사실이지만 허세가 있어야 애들한테 무시당하지 않아서 그런 거예요. 요즘은 그런 게 중요해요. 학교에서 허세 쩔다가 집에 가면 엄마 아빠가 '개무시'해서 집이 싫어질 때가 많아요. 자식을 그렇게 깎아내려서 뭐가 좋은지 모르겠어요. 저는 부모님과 선생님들에게 바라는 것이 있다면 약 올리거나 무시하거나 창피하게 하는 말을 그만했으면 하는 거예요. 칭찬까지는 안 바라요. 그래도 너무 욕하거나 그러진 않았으면 좋겠어요. 기분이 다운되는데, 그렇게 하니까 더 짜증이 나는 거지요. ❞

❝ 제가 부모님에게 바라는 것은 저를 존중해 주고 강요하지 않는 거예요. 사람은 모두 취향이 다르잖아요. 비교하고 강요하고 그런 것이 부모님들에게 실망하게 하는 것 같아요. 우리 아버지는 "클래식만 음악이다" 그러시는데 저는 대중음악을 좋아하거든요. 제가 좋아하는 것들을 싫어하실 수는 있지만 못하게 하는 것은 너무하는 것 같아요. 그럴 때는 알바라도 해서 내가 벌어서 내가 하자, 그런 생각이 들어요. 가장 싫은 것은 강요하는 거예요. 이미 초등학교 때 하기 싫어도 한 것이 너무 많은데 중학교에 와서까지 그러고 싶진 않아요. 용돈도 부모가 마땅히 주어야 하는 것이지 제가 일해서 벌어야 하는 건 아니잖아요. 부모가 좋아하는 것을 하면 용돈을 주고, 내

가 좋아하는 것을 하면 안 준다는 식으로 하는 건 너무하는 것 같아요. 99

66 저는 강아지를 사 주었으면 좋겠어요. 실제로 엄마도 늦게 들어오고 아빠도 늦게 들어오면 심심해서 그냥 컴퓨터만 켜게 돼요. 사람이 많으면 불편하지만 그래도 외로운 것은 싫거든요. 그런데 부모님들은 엄마 아빠도 일하시고 제가 바빠서 관리를 못하기 때문에 안 된다고 해요. 물론 솔직히 제가 관리할 수는 없는데 그래도 강아지가 있으면 훨씬 덜 외로울 것 같아요. 다른 집 아이들이 강아지 데리고 산책하는 것이 제일 부러워요. 강아지를 예뻐해 주면서 제 스트레스가 좀 풀릴 것 같은데, 부모님들은 특히 엄마가 키우기 힘들다고 해요. 그래도 날 생각해서 엄마가 강아지를 사 주었으면 좋겠어요. 99

66 공부가 아무래도 가장 큰 문제인 것 같아요. 공부가 가장 큰 부담이고 공부 때문에 싸우고 공부 때문에 죄송하고 그래요. 저는 공부를 포기할까 말까 고민인데, 부모님들은 공부에 모든 걸 걸고 있어요. 저한테 특목고다 뭐다 이야기하는데 전 그 실력이 안 돼요. 부모님에게 어떻게 말해야 할지 고민이에요. 저는 공부가 싫거든요.
완전히 못하는 것은 아니지만 다른 걸 하고 싶어요. 그런데 정말로 공부를 해야만 다른 것도 할 수 있는 건가요? 공부 때문에 비교당하는 것도 싫고 공부에 대한 흥미도 없고 실제로 재미있게 가르치는 선생님들도 별로 없어요. 그냥 해야만 된다는 강박 관념에서 하고 있고 이런 게 괴로운데 말할 사람이 없어요. 애들은 너무 가볍게만 이야기하고 선생님들은 그런 의문 자체를 갖지 말라고 하고 부모님하고는 얘기하기 힘들고 그래요. 저는 중2병은 결국 공부에 대한 부담 때문에 다른 것으로 허세 떠느라고 생기는 거 아닌가 싶어요. 부모님의 기대가 부담스럽지만 부모님을 실망시킬 수도 없고 그래요. 내가 나에게 어떤 기대를 해야 하는지도 의문이에요.〞

〝저는 부모님의 과잉보호가 싫어요. 중학생이 되어서도 옷을 입는 것부터 학교에서의 일까지 너무 자세히 알려고 하시고 도와주시려고 하는 것이 싫어요. 그래서 일부러 말을 적게 하기도 하지요. 절 조금 내버려 두었으면 좋겠어요. 물론 내가 하나밖에 없는 아들이지만 저는 빼고 부모님들끼리 시간을 보내시고 여행도 가시고 그랬으면 좋겠어요. 모두 저에게 너무 민감해서 감기만 걸려도 난리가 나거든요. 저는 몸이 약하지 않은데 "넌 원래 약하다"고 하면서 매일 한약이나 이것저것 섞은 음료를 주시는데, 고맙긴 하지만 그렇게까지 하지 않아도 될 거 같아서 조금 짜증이 나요. 사실 제가 걱정이 아니라 부모

> 님들이 걱정이에요. 그러다 제가 어디 가겠다 하면 따라오실까 봐 걱정이에요. **"**

어떠신가요? 아주 심각한 이야기를 한 아이는 없지만 아이들의 정서가 반영된 이야기라고 생각이 됩니다. 부모님을 걱정하는 아이들부터 과잉보호가 싫다는 아이, 강요가 싫고 존중해 달라는 아이, 공부에 대한 걱정 이런 것들을 아이들은 표현했습니다.

> 사춘기 자녀 이해를 도와주는 실전 심리학⑪
> ## 자기 자신이 싫다고 하는 청소년들에게 어른이 줘야 할 답은 무엇일까?

1. 자기 자신이 싫다고 청소년들이 말하는 이유 3가지

- 부모님의 기대에 부응하지 못해서
- 자기 자신의 기대에도 부응하지 못해서
- 친구들에게도 기대한 만큼 존재감이 없어서

2. 자해하는 여학생들이 어른들에게 바라는 것

- 이해
- 기대나 부담이 없는 생활
- 여유나 낭만 혹은 숨 돌릴 시간이 있는 생활

3. 게임 중독 남학생들이 어른들에게 바라는 것

- 재미있는 다른 것이 있었으면 좋겠음, 공부나 게임 말고도.
- 잘하는 것이 있었으면 좋겠음, 공부 혹은 다른 것.
- 함께 놀아 줄 친구나 어른들이 더 있었으면 좋겠음.

4. 어른들에게 바라는 청소년들의 바람
- 마음을 달래고 안심시키는 법을 가르쳐 주세요.
- 성공, 성취 경험을 갖도록 돕고 자신감이 생길 수 있도록 도와주세요.
- 지금도 잘하고 있다고 인정해 주시고, 앞으로도 잘해 나갈 수 있다고 마음을 안정화시켜 주세요.

한편, 부모님 말을 안 듣고 자신이 원하는 대로 하고 싶어 하는 아이들에게 많은 분들이 "너 하고 싶은 대로 하라"는 말을 큰마음먹고 하는데, 결과는 부모님들의 기대만큼 크지 않습니다.

아이들은 자기가 하고 싶은 대로 하면서도 잘되지 않으니까 속상하고 짜증이 나서 포기하고 싶은 심정인 경우가 많습니다. 그래서 '해서 될까' 걱정하고, 잘 안 되는 것을 두려워합니다. 아이들이 부모님에게 바라는 것은 그냥 자기 마음대로 하도록 두는 것에 그치지 않습니다. 그건 당연하다고 생각하거든요. 아이들이 원하는 것은 여기서 한걸음 더 나아가 부모님이 도와주는 것입니다. 그런 점에서 "네가 알아서 하라"는 말에 더 짜증을 냅니다. 도와주지 않겠다는 뉘앙스가 잔뜩 들어가 있으니까요.

아이들은 자신이 하고 싶어 하는 일이 성공하도록 함께 부모님이 알아봐 주고 도와주고 지원해 주기를 바랍니다. 네가 하고 싶은 대로 하라는 것으로 관계가 호전되지 않을 때는 꼭 생각해 보세요. 아이가 그 허락만으로 충분한지, 그 허락은 당연히 여기고 더 바라는 것이 있는지를.

부모님들의
속마음

아이들의 속마음을 들었으니 이제 부모님들의 속마음을 들어 볼 차례겠죠? 이 책은 제가 한 강의를 정리한 것이기도 한데, 강연이 끝나면 부모님들이 소감을 발표하는 시간이 있습니다. 여기에서 나온 이야기들을 소개해 보겠습니다. 여러분들과 비슷한 생각인지, 아니면 좀 다른 시각인지 한번 들어 보시죠.

"아이도, 나도 외로웠습니다"_ 40대 후반 어머니

강의를 듣고 나 자신을 많이 반성하게 되었습니다. 특히 요즘 아이들이 우리 때보다 더 힘들게 산다는 것에 대해 많은 것을 생각하게 되었습니다. 과거에 비해 물질적으로 풍요로워져서 아이들이 사는 데 불편함이 없을 것이라는 생각은 너무 단순한 생각이라는 것을 알게 되었습니다. 아이들도 아이들 나름

의 고충이 충분히 있겠다는 생각을 하게 되었습니다.

또 아이들의 외로움에 대해 강사님이 강조하셨는데 많은 공감을 합니다. 부모도 외롭다는 것에도 깊이 공감합니다. 사실 저도 외롭습니다.(웃음) 아마 그래서 아이를 더 잡았나 봅니다.

그리고 아이에게 전해 줄 가치가 부재하다는 말에도 깊이 공감했습니다. 집으로 돌아가서 제 자신을 돌이켜 보면서 내가 아이에게 전해 주고 싶은 가치가 무엇인가 생각해 보았는데, 머리가 텅 빈 것 같았습니다. 그런 생각을 해 보지 않았던 것입니다. 그저 '공부만 잘하면 만사형통이다' 이런 생각 외에 더 깊은 생각은 늘 하다 말곤 했던 것 같습니다. 위인전을 그렇게 읽히면서도 아이가 깨닫게 된 가치에 대해서는 묻지 않고 오직 그 위인처럼 되었으면 하는 마음과 성공하기 위한 방법에만 머리를 짜냈던 나를 발견했습니다. 그래서 이 교육이 끝나면 부부가 함께 여행을 떠나기로 했습니다.

우리가 별것은 아니지만 그래도 자녀들에게 주고 싶은 가치가 무엇인지 함께 이야기하기 위하여 떠나는 여행, 이른바 자녀에게 주고 싶은 가치를 찾는 여행을 가 보려고 합니다.

자녀를 키운다는 것은 결국 부모가 자라는 것이라는 말. 그런 점에서 타당한 이야기라고 생각합니다.

"아들 문제도 사업처럼 대했습니다"_ 50대 초반 아버지

저는 가정적인 편이고, 아들에게 기대가 컸던 아버지 중 하나입니다. 그리고 저는 제 사업에 성공했고 죄송한 말씀이지만 경제적으로는 그래도 안정된 편입니다. 물론 제 성장 과정은 힘들었지요.

아이 초등학교 시절에는 제가 사업 때문에 정신이 없었거든요. 아이가 중학교에 들어갈 때쯤부터는 시간이 나서 아들 꼴을 보니까 말이 아니었어요. 나약하고 게임만 좋아하고 오기나 의지도 없고. 그래서 중학교 1학년 때부터 엄청 혼을 내고 데리고 다니고 또 좀 패기도 하고 그랬어요. 중1 겨울 방학 때는 영어 캠프에도 보내고 그랬는데 그러다 중학교 2학년 올라와서 이 아들놈이 '안 하겠다, 못 하겠다' 하면서 나자빠진 거지요. 덤벼들기까지 하고요. 창피하고 괴롭고 그래서 술 먹고 심한 행패는 아니지만 집에 가서 속상한 것도 풀고 그랬어요. 아들은 더 엇나갔고요. 딱 그런 시점에 제가 이 강의를 들었습니다.

솔직히 강의가 전부 마음에 들었던 건 아닙니다.(웃음) 강사분이 너무 점잖게 강의를 하셨어요. 더 파고들고 좀 더 현실적으로 해야 하는데 그러지 않아서 불만이었어요. 저는 이렇게 해라, 저렇게 해라, 그러면 애가 바뀐다 이런 강의를 원했거든요. 보니까 그런 강사분들도 꽤 있더라고요.

하지만 시간이 지나면서 '아, 강사분이 이런 생각도 조금 하라는 거구나, 저런 생각도 조금 하라는 거구나' 하면서 저에게 준 깨우침이 있어요. 제가 바로 청소년이었던 거예요. 늘 행동이 앞서는 사람이었던 거지요. 저는 사실 목표가 저거다 하면 아무 생각이 없어요. 진짜 남자 뇌를 가진 사람이구나 하는 것도 지난번에 배웠습니다.(웃음)

저는 여러 가지 생각을 못해요. 근데 강의를 들으면서 깨달은 거예요. 내가 얼마나 생각이 없었고, 주변을 고려하지 않았고, 그저 목표만 보고 살아온 사람인지 하는 것을요. 그러니까 내 아들 문제도 내 사업처럼 한 거예요. 야, 인마 목표가 저거야, 왜 안 돼, 죽기 살기로 해야지, 좋은 건 다 해 봐야지 하면서 밀어붙였는데, 자식은 이게 안 되더라고요. 그러니까 자식은 사업이 아닌 거였어요. 만약에 자식이 사업이라면 일찌감치 성공했을 거고요.(웃음)

그래서 이제부터라도 생각을 하려고요. 이해를 하고, 안 되는 사람은 안 되는 이유가 있구나, 사람이 바뀌는 것은 다른 방식이구나, 부하와 자식은 다르구나, 내가 성공해야 할 이유와 아들놈이 아들 시대에 성공하는 방식은 다를 수도 있구나 하는 깨달음이 온 거지요.

그래서 저도 뭘 하나 제안하고 싶은데요. 저 같은 아버지가 대한민국에 한둘이 아니에요. 자식 자랑하는 재미로 지내는 아버지들도 있지만 자식 때문에 속 터지는 아버지가 더 많아요.

그래서 우리 강사님께서 다음엔 아버지들만 모아서 사업을 하나 했으면 좋겠어요. 이번에 강사비 얼마 받으셨는지 모르겠지만, 속 터지는 아버지들하고 할 때는 돈도 더 받고, 진하게 강의하면 좋은 사업이 될 것 같아요.(웃음)

"강의 내내 불편했습니다"_ 40대 중반 어머니

저는 중2 아들을 키우고 있습니다. 이 강의가 아주 불편했습니다. 왜냐하면 모두 제 얘기였거든요. 너밖에 없다는 것부터 시작해서 했느냐, 안 했느냐, 자신감 좀 가져라, 네가 좀 컸다고 덤비느냐, 최선을 다해라, 그것은 최선이 아니다 등등 사실 모두 제 얘기예요.

그래서 정말 힘들었어요.(눈물) 내 모습이 들킨 것 같아 남들이 뭐라 안 해도 그저 창피하고 누가 나에게 뭐라고 할 것 같았어요. 좋은 부모가 아니라는 비난을 받는 것 같아 힘들었던 거지요.

그리고 아이들이 힘들다는 것, 솔직히 전부는 인정하지 못하지만 조금은 인정하게 되었어요. 지금 우리 아이랑 특목고냐 자사고냐를 놓고 준비하는데, 강사님이 말씀하신 반응이 아이한테서 그대로 나오더라고요. 이러면 안 되겠구나 하니까 제가 마비가 되기 시작했어요. 그럼 어떻게 해야 아이를 잘 키울 수 있는 건가라는 고민이 생긴 거지요. 그리고 사실 말씀하신 존중

하고 격려하고 뭐 그런 방식으로 제가 크지 않았기 때문에 저도 잘 모르겠어요.

성공이냐 행복이냐 이런 가치를 저에게 제시한다면 저는 아들만큼은 성공을 더 중시할 것 같아요. 그게 아직도 불안한 부모 심정이지요. 아직은 그런 점에서 자신이 없어요. 이별, 외로움 또한 무시무시한 단어라고 생각해요. 하지만 용기를 내어야지요.

저는 과잉보호할 생각도 없었고 아이가 좋은 대학을 가면 혼자 살 생각이었어요. 그게 부모의 책임이고 의무라고 생각했으니까요. 신세를 질 마음도 없었고요.

하지만 제 자녀와 좋은 관계로 남고 싶고 한편으로는 존경받고 싶다는 마음이 있는 것도 사실이에요. 이제 다른 유형의 부모가 되기로 했어요.

아이들의 성공과 행복을 위해서 우리가 다른 모습의 부모상을 제시해야 우리 아이들도 우리보다 나은 부모가 될 수 있다고 믿어요. 그러지 않으면 우리 아이들이 부모가 되었을 때 저처럼 아이와 매일 다투고 강요하고 아이가 기대에 못 미친다는 불안감과 불행 속에 살 거 같아요. 저는 이번 강의를 통해서 새로운 부모가 되어야겠다고 생각했습니다. 혼자 할 용기는 없고 여러분들과 함께 아이들에게 좋은 부모가 되었으면 합니다.

아이들과 잘 지내기 위한 '힘그괜' 대화법

아이들의 이야기도 들어 보고 부모님들의 이야기도 들어 보았습니다. 그런데 지금껏 우리가 해 온 많은 이야기들에서 가장 자주 등장한 말이 있습니다. 뭘까요?

맞습니다. '이해하기'입니다.

사춘기 갈등을 예방하기 위한 최고의 작업은 바로 이해하기입니다. 이해하려는 태도가 되어야 설명도 할 수 있고 설명이 되어야 알게 되고, 또 그래야 느낄 수도 있고 그렇게 해서 이해하는 것에 도달할 수 있게 됩니다. 이해는 소통을 가능하게 하는 태도이자 소통의 결과이기도 합니다.

사람이 상처를 받고 억울한 심정, 울화 상태에 빠지는 것은 이해받지 못할 때입니다. 마음을 이해받으면 적대감이나 원망·분노도 줄어들고, 때로는 이해받았다는 느낌 자체만으로도 깊은 미움들이 녹아내리고 풀어지기까지 합니다. 아이들이 부모가 자신을 이해해 준다는 느낌을 받으면, 즉 내가 외롭고 고통스럽고 두려워하고 있다는 것을 부모가 이해하고 있다고 생각하면 극단적인 행동, 죽고 싶어 하거나 분노하거나 외로워하는 일은 줄어들 수 있습니다. 마음을 이해받는다는 것은 큰 선물을 받는 것과 같습니다.

 부모가 아이들을 이해하고 있으면 지금 당장 원하는 결과를 내지 못하거나 성적이 오르지 않는 것에 대해서도 더 관대해질 수 있습니다. 기다려 줄 수 있게 됩니다. 그러면 부모와 아이가 불필요하게 부딪치면서 부정적으로 에너지를 사용하게 되는 일이 줄어듭니다.

 제가 하는 교육을 받거나 책을 읽은 분들이 가장 많이 하시는 이야기도 아이를 이해하게 되었다거나 이해해 보기로 하셨다는 것입니다. 맞습니다. 행동이 먼저가 아닙니다. 해결이 먼저도 아닙니다. 이해가 먼저입니다. 이해해야 제대로 된 해결책도 찾을 수 있습니다. 사춘기 아이들과 잘 지낼 수 있는 가장 강력한 힘은 아이를 이해해 보고자 하는 마음입니다. 이해하는 태도에 익숙해지기 위해 꼭 알려드리고 싶은 대화법이 있습니다. 바로 '힘그괜' 대화법입니다.

"힘들지? 힘들지 않니? 힘들었지?"

집에 돌아온 아이에게 "힘들지? 힘들지 않니? 힘들었지?"라고 해 보세요. 부모가 10대의 자녀에게 이런 말을 하면 아이들은 '그래도 부모님이 내 마음을 이해하기 위해 애쓰는구나'라고 느낍니다. 이런 말은 아이들에게 온기를 느끼게 해 줍니다. 아이의 마음을 열리게 하며 이해받을 수 있다는 희망을 줍니다. 이런 말 한마디만으로도 아이들은 부모와의 대화에 더 마음을 열고 다가서게 됩니다.

"그렇구나, 그랬구나, 그럴 수도 있겠네"

그래서 아이들이 힘든 것에 대해 이야기를 하면 "그래서 힘들구나, 그랬구나, 아~ 그렇구나"라고 맞장구를 쳐 주세요. 그러면 아이들은 이해받았다는 느낌을 가지게 됩니다. 마음을 잡고 있던 염려와 두려움, 분노가 풀립니다. 마음을 이해받은 아이는 편안해집니다.

부모가 아이에게 이해라는 선물을 주는 것입니다.

그러나 "힘들었지?"라고 물은 뒤에 아이가 하는 말을 들으며 "나는 이해가 안 된다, 곰곰이 생각해 보니 네가 문제다, 그 정도 가지고 힘들었다고 하느냐?"고 하면 안 됩니다. 아이는 다시 마음을 닫습니다. 다음부터는 "힘들었지?"라고 물어도 마음을 열고 대답을 하지 않게 됩니다. 어떤 상황이든 정말 아이 입장에서 생각해 보고 이해하려고 노력하면 그럴 수도 있고, 그랬 겠구나 하는 마음이 생길 것입니다. 그렇게 해 주셔야 합니다.

"괜찮아, 괜찮다, 이제 괜찮다"

이렇게 아이 마음을 이해한 뒤 아이에게 "괜찮아, 괜찮다, 이제는 괜찮아질 거다"라고 해 주세요. 아이를 안심시켜 주고 포용하고 격려하는 말을 해 주는 겁니다. 그러면 아이는 안심을 하면서 자신에 대해 신뢰감을 가질 수 있게 됩니다. "괜찮다"라는 말의 위력은 수없이 검증된 바 있지요. '오사카 밤의 교사'라는 미즈타니 오사무* 선생도 수많은 거리의 아이들에게 다가갈 때 했던 첫마디가 "괜찮다"였다고 합니다. 아이에게 "이제는 괜찮다, 지금도 괜찮다"라고 해 주는 것은 아이들의 자존감을 향상시키고 아이들이 스스로를 보살필 수 있게 하는 심리적 영양제 같은 것입니다.

* "밤거리를 전전하는 아이들에게는 제대로 된 교육이 필요 없다"라는 동료 교사의 말에 반발하여 인문계 고등학교에서 야간 고등학교로 전근한 일본의 고등학교 교사. 밤늦게 퇴근을 해도 방황하는 아이들을 돌보기 위해 거리로 나가 '오사카 밤의 교사'라는 별명이 붙었다. 한번은 폭력단을 빠져나오고 싶어 하는 아이를 위해 혼자서 폭력단 사무실을 찾아가 데리고 온 적이 있는데 그때 폭력 조직의 두목이 아이를 놔 주는 대가로 미즈타니 선생의 손가락 하나를 원했고, 그는 자신의 손가락 하나를 망설임 없이 내 주고 아이를 데리고 돌아왔다고 한다. 국내에 그가 지은 『늦은 밤, 잠 못 드는 아이들』(에이지21)에 소개된 일화다.

> 사춘기 자녀 이해를 도와주는 실전 심리학⑫
> ## 정신 분석가 위니콧의 청소년 관련 명언

- 어른이 청소년을 포기하면 청소년은 갑자기 어른이 된다. 잘못된 어른이 된다.
- 경계를 시험하는 청소년에게 어른이 하는 일은 경계를 만들어 주는 일이다.
- 아이의 발달은 서두를 수가 없고, 가르칠 수도 없으며, 대신할 수도 없다. 성취는 스스로가 할 수 있는 것이다.
- 청소년에게 미성숙은 허용되어야 하고, 미성숙을 사용해 보아야 성숙해진다.
- 사랑의 과잉은 결국 사랑의 결핍을 만든다.
- 아이의 속도에 맞추어야 할 뿐, 억지로 일어나는 일은 없다.
- 좋은 관계, 좋은 치료란 부모나 치료자가 희망을 잃지 않을 때 유지된다. 희망을 잃으면 할 일이 없다.
- 청소년을 위한 단 하나의 약은 시간이다.
- 공격성과 반항은 청소년기의 강력한 특징이자 경험이다.
- 아무 충돌 없는 청소년기는 풍부함이 없는 청소년기이다.
- 부모, 치료자 성인이 하는 일은 실수할 기회를 제공해 주면서도 큰 울타리를 잘 쳐 주는 일이다.

이야기를 닫으며

**자녀가 사춘기가
된다는 건
새로운 만남을
시작하는
것입니다**

　지금까지 이야기를 들어 주신 독자분들께 감사드립니다. 제가 꼭 전하고 싶었던 것은 외로운 아이의 마음을 알아주자는 것이었습니다. 그동안 그러지 못했더라도 이제부터는 아이의 마음을 알아주는 새로운 만남을 시작하자는 것입니다.
　아이가 사춘기가 된다는 것은 이별을 시작하는 것이기도 하지만 새롭게 자녀를 만나는 것이기도 합니다.
　몸이 커진 만큼 마음도 커지고, 세상을 향해 한 걸음씩 내디디며 꿈을 가진 청년이 되기 위해 계곡을 오르고 서서히 독립해 가는 내 자녀를 만나는 것입니다.
　새로운 출발선상에 있는 내 자녀입니다. 모든 출발은 쉽지 않습니다. 힘든 출발을 시작하는 자녀에게 이해와 격려를 주십시오. 스스로 해 나가겠다는 모습을 보일 때마다 신뢰를 주십시오. 한 걸음씩 나아가는 모습을, 여유를 가지고 바라봐 주십시오.

어른들의 세계에 호기심을 보이는 아이들에게 어른으로 답을 해 주세요. 금지만이 미덕은 아닙니다.

우리보다 힘든 시대에 살고 있다고 공감해 주세요. 물론 우리보다 덜 힘든 것도 있다는 것을 알려 주시고요. 또 지금보다 더 어려운 일들도 있다고 해 주세요.

"너도 중2병이니?" 하지 마시고, 사춘기가 징검다리를 건너는 것이라 아슬아슬한 맛이 있다고 이야기해 주세요.

생각보다 우리 아이들은 외롭습니다. 내면적으로는 외로움을 느끼며 세상에서 홀로 서는 연습을 하기 위해, 처음으로 자신 스스로를 이겨 보기 위해 싸우고 있다고 보아 주세요. 노력하고 분투해야 하는 일들, 힘든 일이 참 많습니다.

우리 아이들이 조금 더 행복하게 중학생 시기를 보낼 수 있도록 만들지 못한 우리 자신들에 대해 약간의 미안함과 부끄러움도 좋습니다.

아이를 우리 가족만의 힘으로는 잘 키울 수 없습니다. 친척과의 교류와 이웃과의 만남도 권장해 주시고 아이들이 좋은 스승과 멘토를 발견하게 도와주세요. 걱정도 크고 불편도 커지고 참을 일이 늘어나겠지만 많은 어려움이 있어도 대부분의 아이들은 그래도 잘 자라고 있습니다.

어찌 보면 아이들보다 불안해 하는 우리가 더 문제입니다. 달라진 시대를 함께 호흡하면서 함께 보조를 맞추어 뛰는 마라톤 코치처럼 엄마 아빠, 가족들의 팀워크로 옆에서 지지해 주세요.

사춘기 시절이 좋은 추억이 되도록 아이들에게 도움을 주세요.

이 책은 행동으로서의 처방전을 제시하는 책은 아닙니다. 그런 책은 이미 무수히 출판되어 있어 그 책들을 보시면 많은 도움을 받으실 수 있을 것입니다. 저는 이 책에서 아이들의 심정을 공유하고 이해하는 것, 그리고 서로 격려할 수 있는 따뜻한 마음가짐을 갖는 것을 목표로 했습니다. 책의 시작은 차가운 이별로 했지만 끝은 따뜻한 만남으로 하고자 했습니다.

이제 조용히 차 한 잔을 끓여서 창가로 걸어가 돌아올 아이를 기다려 보세요. 씩씩하게 지내고 있는 아이에게 이해와 격려를 주고자 하는 마음을, 외로운 아이에게 당신의 따뜻한 마음을 전해 줄 얼마 뒤를 상상해 보세요. 아이들이 오면 "힘들었지?" 하면서 살펴봐 주세요. 그러면 그만입니다.

부록 →

유능하고 효과적인 사춘기 부모의 대화법

감독이 아니라 응원단이 되어 주세요

사춘기 청소년들과의 대화는 원래 어렵습니다.

예전에도 어려웠고 지금은 더 어렵습니다.

너무 미워하지 않고 같이 살고 있으면, 기본을 잘하고 계신 겁니다.

만일 지금 너무 대화가 잘 되고 있다면, 아직 한 번은 와야 할 것이 오지 않은 것이다, 생각하세요.

평생 살면서 부모를 제일 미워하는 시절은 보통 사춘기 시기입니다. 부모를 떠나야 하는 시기이므로 그런 마음을 갖기가 더 쉽습니다. 아이들은 '전前사춘기'라고 하는 초등 고학년부터 마음으로 슬슬 부모를 떠나는 연습(온갖 모험 소설 읽기, 집 나가는 작품들 보기 등등)을 하기 시작해서, 몸으로 온갖 변화가 나타나는 사춘기가 되면 몸과 마음이 모두 부모로부터 떠나기 시작합니다.

이 시기, 나만 힘든 것이 아니라 전 세계 부모님들이 함께 힘들어합니다.

엄마 혼자, 아빠 혼자의 문제가 아니라 가족이 함께하는 가족회의가 중요한 대화 창구가 되게 해야 합니다.

부모를 힘들게 하는 사춘기는 영원하지 않지만, 이때 관계의 상처는 오래 간다는 것을 잘 이해해야 청소년기 아이들과 잘 지낼 수 있습니다.

아이가 크도록 도우려면 부모가 점차 손을 떼야 한다는 것을 이해하면서, 자기 삶을 찾아 떠나는 사춘기 자녀에게 이제 감독이 아니라 필요에 따라 코치가 되고, 언제나 응원하는 응원단장이 되어 주어야 합니다.

아이들은 부담이 줄어들수록 수행이 편해진다고 합니다.

헌신적인 보통의 부모들이 자녀에게 주는 5가지 선물은 환대, 존중, 격려, 열정, 낙관입니다.

혼내기보다 협상에 능한 부모가 되어 주세요

통제보다 협상이 효과적입니다.

사춘기 자녀들은 통제당하지 않겠다는 입장이 대부분인데, 자연스러운 현상입니다. 그들은 자율성, 정체성을 자신의 발달 목표로 하고 있기 때문입니다.

모든 것을 통제하려고 하다가, 관계의 전부를 손상시키지 마세요.

정말 중요한 것만 협상해서 방향과 속도를 잘 잡아가는 것으로 마음을 다스리세요.

무승부 대화, 양보 나눔, 하나 잃고 하나 얻기를 잘하면서 사춘기 자녀의 체면도 살리고 부모의 실리도 얻으세요.

혼내기로 훈육하는 것은 초등학교로 끝났다고 생각하시고 사춘기 청소년과는 상의하는 모드로 바꾸세요.

협상 전략① 힘든 것 알아주기

사춘기는 부모가 뭐라 하지 않아도 스스로 힘든 것이 많습니다. 몸에 대한 적응, 마음에 대한 적응으로 스스로 힘든 것이 많습니다. 힘든 것을 알아주는 것이 대화를 잘할 수 있는 부모의 1차 협상 전략입니다.

"우리 부모는 제가 힘든 것을 잘 알아주시고 이해해 주세요."

이것은 자녀가 부모에게 보내는 최고의 찬사입니다. '힘그괜 대화법'을 적극 활용해 주세요.

협상 전략② 말없이 도와주기

어려워하는 것, 힘든 것을 이해하셨다면 크게 생색내지 않고, 잔소리 적게 하면서 말없이 도와주세요. 응원 격려와 함께 실질적인 해결책, 비결, 요령, 덜 혼나는 방법을 구체적으로 알려 주세요.

협상전략③ 타임아웃 시간 갖기

뜻대로 되지 않는 것이 있을 때 혼내거나 소리 지르는 것은 큰 도움이 되지 않습니다. 소용없는 잔소리는 기분만 나쁘게 합니다. 차라리 타임아웃을 가지세요. 잘 안 되는 것에 대한 경멸, 조롱, 멸시, 야유는 관계를 악화시킵니다.

그리고 아무리 화가 나도 관계의 파국을 알리는 말을 하면 안 됩니다. "집을 나가"보다는 "네 방에 들어가 있어"가 훨씬 좋습니다. 혹은 "너랑은 말이 안 된다"보다는 "다음에 다시 이야기해 보자"가 더 좋습니다.

협상 전략④ 동기 대화법을 사용해서 기분 좋게 말해 보세요.

"하기 싫어?" → "어떤 게 어렵니?"

"재미없니?" → "어디서 흥미가 줄어드니?"

"지겹니?" → "반복이 지루하지?"

"왜 안했니?" → "하는 걸 무엇이 방해했니?"

"그것도 못해?" → "그게 좀 어렵지? 어디서부터 어렵니?"

"머리가 안 돌아가니?" → "다른 방법으로 생각하면 어떨까?"

"왜 열심히 안 해?" → "어떻게 하면 더 열심히 할 수 있을까?"

"약속을 왜 안 지켰니?" → "약속지키기 어려웠구나."

"잘 못할 것 같아?" → "하는 것이 걱정되는가 보구나."

"왜 이 아이는 동기화되어 있지 않은가?"라고 탓하기보다는 "이 아이는 주로 무엇으로 동기화되는가?"라는 질문이 더 효과적입니다. 내가 이 아이를 뜯어고치겠다가 아니라 아이가 변하려면 무엇을 도와주어야 하는가를 묻는 것이 더 변화를 촉진합니다.

협상 전략⑤ 적절한 동기 부여와 보상 주기

사춘기 자녀의 노력, 성취를 축하해 주고, 스스로의 명예와 자긍심을 높일 수 있는 방향으로, 부모의 사랑과 응원, 지원에 감사를 느낄 수 있는 방향으로 보상해 주는 것이 좋습니다.

욕구나 희망을 읽고 '선빵'으로 선물을 주는 것이 자녀에게 감동을 줍니다. 하지만 물질적 보상이 만병통치약이나 동기 유발의 전부가 아니라는 것도 명심하세요.

CEO 대화법이란?

CEO 대화법이란 Competent & Effective Organization of Adolescent Conversation의 약자로, 유능하고 효과적인 사춘기 부모의 대화법을 말합니다.

1. 온 우주의 기운을 모아 들어 주기(전폭적인 경청 대화법)

아이가 "우리 부모는 내 이야기를 잘 들어 줘"라고 말한다면 이는 자녀와 잘 지내고 있다는 대표적인 증거입니다.

아이의 이야기를 끝까지 잘 들어 주세요. 부모의 문제는 아이의 이야기를 들어 주지 않는 것으로부터 출발합니다. 듣지 않으면 아이에 대해 잘 모르게 되니까요.

아이의 이야기를 단박에 끊고, 뻔하다고 하면서 자기 이야기를 늘어놓는 것이 대화 단절, 꼰대 대화의 상징입니다.

2. 미움 사랑 가슴 펌프 대화법(미움사랑 전환 대화법)

아이가 화나는 이야기를 해도 화로 돌려주어서는 안 됩니다. 이해와 함께 도움을 주려면 화를 화로 돌려주어서는 안 됩니다. 그래서 사춘기 부모가 되면, 가슴에 미움을 사랑으로 전환시켜 주는 모터 펌프가 하나 필요합니다. "엄마 미워!" 해도 "나는 네가 미운 게 아니란다" 해야지 "나도 너 밉다" 하면 대화가 단절됩니다.

아이의 공격을 견디는 어른이 용감한 어른이고, 아이를 변화시킬 사랑이 있는 어른입니다. 아이의 공격을 어쩔 줄 몰라 하는 것은 마음의 여유가 없을 뿐 아니라 아이의 공격에 아이처럼 대하는 미성숙의 징표이기도 합니다.

3. 선 공감 후 조사 대화법(선공감법)

"그랬구나, 그런데"로 대화를 해야지, "그런데, 그렇구나"로 반응하면 대화가 어려워집니다. 사춘기 청소년의 감정적 호소에 우선 공감해 준 다음에 대화를 해 나가야 합니다. 먼저 조사, 탐색, 판단하고 나서 공감해 주는 것은 효과가 거의 없거나 반감됩니다.

"힘들었나 보네……, 아 그렇구나", "화가 많이 났구나……, 아 그렇구나. 정말 화가 난 것이 그런 거였어."

이렇게 먼저 긍정적 공감 반응을 하고 나서, 묻는 대화를 이어가도록 하세요.

4. Yes 대화법

어떤 요청이 있을 때 일단 Yes 라고 답해 주세요. 다만 상황과 시점, 계기를 잘 고려해 보자고 하세요.

예를 들어, "핸드폰 바꿔 주세요!" 그러면 "예스, 그런데……당장은 아니지만, 가급적 빠른 시간 안에 살 시기를 알아보자"라고 하는 것이 훨씬 좋습니다.

"핸드폰 바꿔 주세요!" 하는 아이에게 "산 지 얼마나 됐다고, 네가 뭘 잘 했다고, 고장도 나지 않았는데……"라고 하는 것은 좋은 대화법이 아닙니다. 아이들은 자신의 욕구나 요구가 무시당했다고 느끼고, 심지어 부모가 자신을 사랑하지 않는다고까지 생각하기도 합니다.

어떤 요구가 있을 때 들어줄 마음이 있다는 것을 전하는 것이 중요합니다.

5. 자녀 편 들어주기 대화법

자녀가 힘들고 억울한 관계에 대해 이야기하면 우선 자녀 편을 들어주는 것으로 시작하세요. 자녀의 감정이 그럴 수 있다는 것을 인정해 주는 것이고 자녀 행동의 옳고 그름은 나중에 말해 주는 것이 더 좋습니다. 옳고 그른 것은 조금 나중에 스스로 분석해 볼 수 있도록 단서를 주고 기다려 주세요. 부모마저 내 편이 아니라고 하면 아이들이 얼마나 외로워지고 비빌 언덕이 없어질지 생각해 주세요. 그런 다음에 부모의 조언이 필요한지 묻고 조언을 따듯하게 해 주세요.

6. "생각해 보자" 대화법

아이와 갈등이 심각한 경우, 빨리 단정하거나 결론을 내리기 전에 "함께 생각해 보자", "시간을 조금 두고 이야기를 나누어 보자"라고 이야기해 주세요. 물론 기간을 잘 정하고 그때까지 생각을 잘 정리해서 이야기를 해야겠지요.

신중하고 사려 깊게 행동하는 모습의 모델이 되어 주시고, 때로는 가족회의를 통해 함께 잘 결정해 보자고 하셔도 좋습니다.

7. 힘그괜 대화법

'힘든 것' 공감해 주고
'그렇구나' 인정 수용해 주고
'괜찮아' 안심, 안정해 주기.
힘그괜 대화법은 청소년 대화의 최고의 비법입니다.

청소년들이
듣고 싶어 하는 말

- "잘했다, 수고했다, 고생했다"라고 힘든 것 알아주는 말
- "충분히 했으니 어서 쉬어라"라고 휴식과 안정을 권하는 말
- "관심 있는 분야가 그런 거구나, 멋진데"라고 관심과 흥미를 인정해 주는 말
- "너무 잘하지 않아도 좋다, 최선을 다하면 그만이다"라고 부담을 덜어 주는 말
- "그래 한번 네 얘기를 들어 보자"라고 경청의 태도를 보여 주는 말
- "너무 성급하게 하지 말고 조바심도 갖지 말아라. 천천히 시작해도 좋다"라고 안심시켜 주는 말
- "누구나 장점이 있고, 단점이 있지, 장점은 키우고 단점은

보완하자"라고 격려해 주는 말
- "잘못한 것을 반성할 시간을 줄 테니 잘 생각해 보도록 하고, 꼭 이야기하자"라고 당장 혼내기보다 기회와 생각할 시간을 주는 말

청소년과의 관계를 어렵게 하는 대화법

했냐, 안했냐형 대화법 : 대화의 대부분이 체크하고 확인하고 점검하는 내용의 반복이면 사춘기 청소년은 관계를 피하게 되고, 분노하게 됩니다.

무시형 대화 : "네 말은 뻔해. 들으나 마나야"라고 아이의 의견이나 주장을 무시하면 대화가 가능하지 않다고 생각합니다. 그리고 아이의 의견을 쓸데없는 말이라고 하면 더 무시당한 기분입니다.

올바름형 대화 : "엄마 말이 맞지? 이런 말은 아무나 해 주는 것이 아니다, 엄마니까 해 주지." 언제나 옳은, 언제나 바른, 언제나 훌륭한 사람과는 대화가 쉽지 않습니다.

후벼파기형 대화 : 역시 큰 도움이 안 됩니다. "너의 단점을 말해 줄 사람은 부모밖에 없단다"라고 말하니 "그래서

부모가 제일 싫다"라는 대답을 듣는 경우가 많습니다. 아이의 단점은 조심스럽게 말해야 합니다. 친밀한 사람에게 배신감을 느끼지 않도록 하는 것이 중요하니까요. 또한 아이의 단점을 타인에게 말하는 것은 더욱 금물입니다.

기승전 공부형 대화 : "영화 봤으니 이제 공부해야지, 외식했으니 공부해야지, 옷 사 줬으니 공부해야지"라고 무엇을 해도 귀결은 "공부해야지"로 끝나는 경우, 대화도 싫지만 무엇을 같이 하는 것도 싫어진다고 합니다.

꼰대-훈계형 대화 : "부모는 이랬다, 그런데 너희들 시대는 이런데……. 그래도 이 정도는 해야지……" 형식의 대화는 누구도 좋아하지 않습니다. "라떼는 말이야"로 이미 사회적으로 널리 회자된 바와 같이 지금의 현실을 무시하고 예전을 기준으로 하여 자랑하거나 훈계하는 대화는 힘든 대화입니다.

돈 치환형 대화 : "그 학원이 얼마짜리인지 알아?", "그 옷, 그 가방이 얼마짜리인지 알아?"와 같이 매사를 돈으로 바꾸어서 하는 대화도 사춘기 청소년들은 힘들어합니다. 나를 돈으로 밖에 안 보나, 그런 생각도 들게 하고 부모와의 관계에 대한 생각에 상처를 많이 받게 됩니다.

네 탓이다형 대화 : "이게 엄마 탓이냐? 다 네 탓이지", "그러게 준비를 일찍부터 하라고 했잖아" 이런 말들은 아이들 말에 따르면 불난 집에 부채질하는 것이라고 합니다. 잘 되지 않았을 때 자녀를 원색적으로 비난하면서 마음을 힘들게 하는 경우도 상처가 많이 된다고 합니다.

반복 훈계형 대화 : "도대체 몇 번을 말하냐, 이번에 말하면 100번이 넘을 것 같다"라고 말하는 대화도 더 이상의 대화의 가능성을 없앱니다. 왜 아이가 여러 번 어길까요? 그것은 효과적인 방법이 아니라서 그럴 것입니다. 효과적인 방법을 찾는 것이 더 중요합니다.

부정적 대화 종합형 : 위의 대화를 다 하시는 부모님. 대화 거절을 불러일으키고, 대화마다 관계가 불편해져서 결국 대화를 하지 않는 관계가 됩니다.

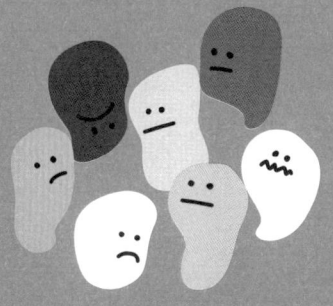

'경험이 미래에게'
미류책방은 미미와 류의 2인 출판사입니다.
경험이 미래에게 들려주는 수북한 시간들을 담으려고 합니다.
책을 만들고, 책을 읽는 그 모든 시간들이 아름답게 흘렀으면 좋겠습니다.
그리하여 먼 훗날, 한 그루 미류나무처럼
우리 모두 우뚝 성장해 있기를 소망합니다.

사춘기 마음을 통역해 드립니다

초판 1쇄 발행 2023년 9월 8일
초판 7쇄 발행 2025년 11월 25일
지은이 김현수
발행인 양진오
편집인 미미 & 류
발행처 교학사
등록번호 제25100-2011-256호
주소 서울마포구마포대로 14길 4 5층
전화 02-707-5239
팩스 02-707-5359
이메일 miryubook@naver.com
인스타그램 @miryubook

ISBN 979-11-88632-12-1 (13590)
미류책방은 교학사의 임프린트입니다.
파본이나 잘못된 책은 구입하신 곳에서 바꿔드립니다.

이 책은 저작권법에 의해 보호받는 저작물이므로 무단전재와 무단복제를 금지하며
책 내용의 전부 또는 일부를 인용하거나 발췌하려면 반드시 저작권자와 교학사의
서면 동의를 받아야 합니다.